象棋精妙杀着系列

U0062866

象棋名手杀着精华

吴雁滨　编著

时代出版传媒股份有限公司
安徽科学技术出版社

图书在版编目(CIP)数据

象棋名手杀着精华 / 吴雁滨编著.--合肥:安徽科学技术出版社,2019.1
（象棋精妙杀着系列）
ISBN 978-7-5337-7472-1

Ⅰ.①象… Ⅱ.①吴… Ⅲ.①中国象棋-对局(棋类运动) Ⅳ.①G891.2

中国版本图书馆 CIP 数据核字(2018)第 002778 号

象棋名手杀着精华   吴雁滨   编著

出 版 人：丁凌云   选题策划：倪颖生   责任编辑：倪颖生   王爱菊
责任印制：廖小青   封面设计：吕宜昌
出版发行：时代出版传媒股份有限公司   http://www.press-mart.com
           安徽科学技术出版社   http://www.ahstp.net
     (合肥市政务文化新区翡翠路 1118 号出版传媒广场,邮编:230071)
     电话：(0551)63533330
印   制：三河市人民印务有限公司   电话:(0316)3650588
(如发现印装质量问题,影响阅读,请与印刷厂商联系调换)

开本：710×1010   1/16   印张：15   字数：270 千
版次：2019 年 1 月第 1 版   2019 年 1 月第 1 次印刷

ISBN 978-7-5337-7472-1   定价：30.00 元

前　言

　　象棋名手,功力深厚,见识非凡,身经百战,经验丰富。名手在未成杀势时常步步紧逼,形成杀势后如电掣雷轰,以摧枯拉朽之势攻城略地。名手的杀着——内容丰富多彩、形式千变万化、种类繁花似锦、韵味醇厚绵长,如陈年老酒,越陈越香。

　　本书精选海内外象棋名手精妙杀着实例310局,这些局例既有广度又有深度,局局光彩夺目、着着妙笔生花。"他山之石,可以攻玉",广大象棋爱好者如认真参阅,必定可以从中汲取到丰富的营养,提高自己的棋艺水平。

编　者

目　录

目录

第1局　安内攘外

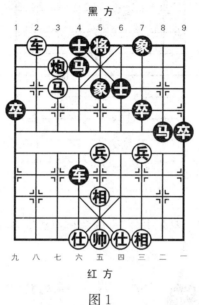

图1

着法(红先胜)：

1. 炮七进一　　士4进5　　2. 马七进六！　　将5平4

3. 炮七退一

连将杀，红胜。

改编自 2007 年"七斗星杯"全国象棋甲级联赛河南队曹岩磊—广东东莞长安陈富杰对局。

　　第2局　兵败将亡

着法(红先胜)：

1. 兵四平五！　士4退5　　2. 马五进四　　炮6进1

3. 车九平五　　将5平4　　4. 车五平六

连将杀，红胜。

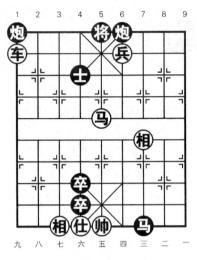

图 2

改编自 2006 年"启新高尔夫杯"全国象棋甲级联赛煤矿开滦股份宋国强—厦门港务控股苗永鹏对局。

第 3 局　兵戈抢攘

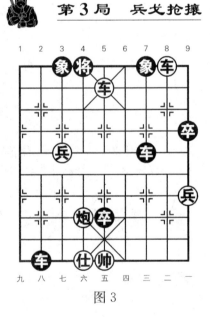

图 3

着法(红先胜)：

1. 兵七平六！　卒 5 平 4　　2. 车五进一　　将 4 进 1

3. 车二退一　　将 4 进 1　　4. 兵六进一

连将杀，红胜。

改编自 2014 年第 4 届"温岭·石夫人杯"全国象棋国手赛四川郑惟桐—内蒙古洪智对局。

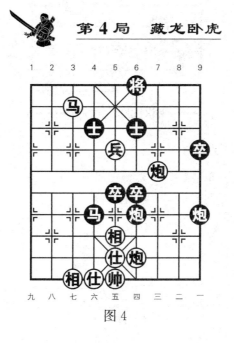

图 4

着法（红先胜）：

1. 炮三平四！　炮 6 退 2　　2. 炮四进四　　　士 6 退 5

3. 兵五平四　　士 5 进 6　　4. 兵四进一

连将杀，红胜。

改编自 2014 年"QQ 游戏天下棋弈"全国象棋甲级联赛山东中国重汽赵金成—河北金环建设王瑞祥对局。

 第 5 局　　飞蛾扑火

着法（红先胜）：

第一种攻法：

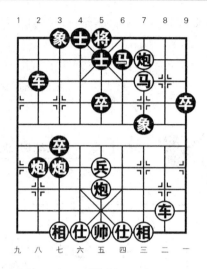

图 5

1. 车二进八　　士 5 退 6　　2. 炮三进一　　士 6 进 5

3. 马三进四！　将 5 平 6　　4. 炮三退一

连将杀，红胜。

第二种攻法：

1. 炮五进四！　马 6 进 5　　2. 车二进八　　士 5 退 6

3. 炮三进一　　士 6 进 5　　4. 炮三平六　　士 5 退 6

5. 车二平四

连将杀，红胜。

改编自 2014 年"朱宝位杯"全国象棋团体赛福建深圳科士达代表队郑乃东—江西紫气东来队罗国新对局。

 第 6 局　肝肠寸断

着法（红先胜）：

1. 车四平五！　将 5 平 4　　2. 车五进一！　马 3 退 5

3. 前马进八　　将 4 进 1　　4. 车三进二　　士 6 进 5

5. 车三平五

连将杀，红胜。

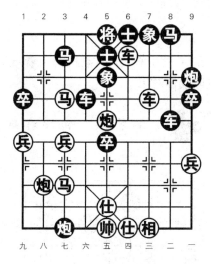

图 6

改编自 2006 年"西乡引进杯"全国象棋个人赛河北陈翀—邮电潘振波对局。

第7局　腹背受敌

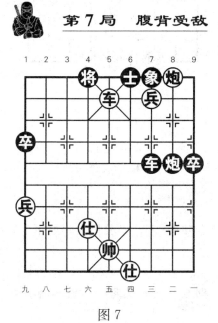

图 7

着法(红先胜)：

1. 车五进一　　将4进1　　2. 炮二退一　　士6进5

3. 车五退一　　将4进1　　4. 车五平六

连将杀,红胜。

改编自2013年"石狮·爱乐杯"全国象棋个人赛北京威凯建设象棋队唐丹—河北金环钢构象棋队刘钰对局。

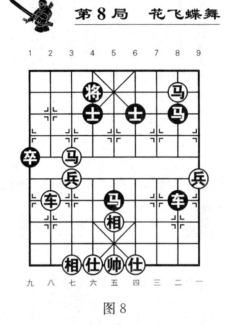

第8局 花飞蝶舞

图8

着法(红先胜):

1.马二进四	将4平5	2.车八进五	将5退1
3.马七进六!	将5平6	4.车八进一	

连将杀,红胜。

改编自2006年"交通建设杯"全国象棋大师冠军赛安徽梅娜—云南冯晓曦对局。

第9局 虎入羊群

着法(红先胜):

1.炮九进一	士4进5	2.马九进八	士5退4
3.马八退七	士4进5	4.马七进六	

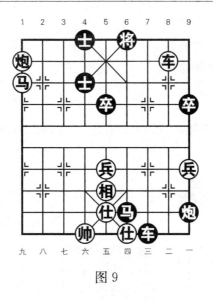

图 9

连将杀，红胜。

改编自 2013 年"碧桂园杯"第 13 届世界象棋锦标赛中国澳门李锦欢—美西 Joe-Blow 对局。

第 10 局　画龙点睛

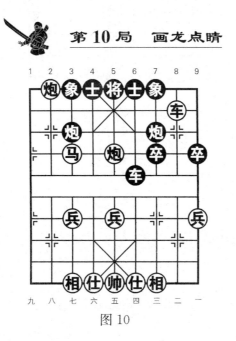

图 10

着法(红先胜)：

1. 马七进五　　士6进5　　2. 车二平五　　将5平6

3. 车五进一　　将6进1　　4. 车五平四

连将杀,红胜。

改编自2013年"碧桂园杯"第13届世界象棋锦标赛马来西亚黎金福—澳大利亚 Angus-Macgregor 对局。

第 11 局　　三军效命

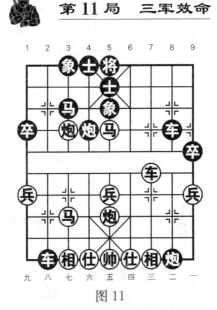

图 11

着法(红先胜)：

1. 炮七进三!　象5退3　　2. 车三进五　　士5退6

3. 马五进三　士4进5　　4. 车三平四

连将杀,红胜。

改编自2013年"碧桂园杯"第13届世界象棋锦标赛中国香港邝伟德—美西 Sam-Sloan 对局。

第12局　八面威风

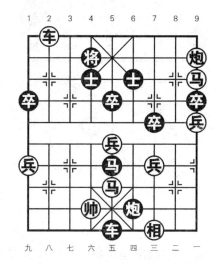

图 12

着法(红先胜)：

1. 马一进三　　士6退5　　2. 马三退二！　　士5退6

黑如改走炮6退7,则马二进四杀,红胜。

3. 马二进四　　将4平5　　4. 车八平五　　将5平6

5. 马四进二

连将杀,红胜。

改编自2014年第2届"财神杯"电视象棋快棋邀请赛湖北洪智—北京蒋川对局。

第13局　闭目塞听

着法(红先胜)：

1. 车五进一！　　将6进1　　2. 车五平三　　将6平5

3. 车三平五！　　将5平6　　4. 车五平一　　将6平5

5. 车一退一　　将5退1　　6. 马六退五

连将杀,红胜。

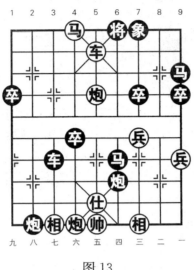

图 13

改编自 2006 年"启新高尔夫杯"全国象棋甲级联赛煤矿开滦股份景学义—河北金环钢构刘殿中对局。

第 14 局　逞前毙后

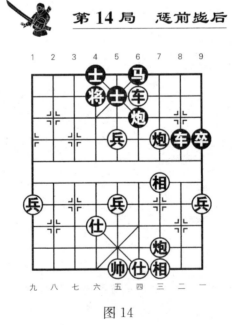

图 14

着法(红先胜)：

1. 后炮平六　　炮6平4　　2. 仕六退五　　炮4平7

3. 兵五平六　　炮7平4　　4. 兵六平七　　炮4平7

5. 炮三平六

连将杀,红胜。

改编自2013年江苏徐州首届象棋公开赛暨彭城棋王争霸赛徐州赵剑—徐州吕建宽对局。

 第 15 局　　车高兵双相必胜车士

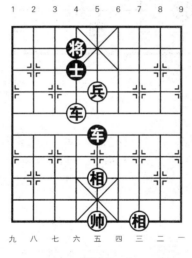

图 15

着法(红先胜)：

1. 兵五平六　　车5退3　　2. 帅五平六　　士4退5

3. 兵六平五　　车5平4　　4. 车六进二　　士5进4

5. 兵五进一　　将4退1　　6. 兵五进一

绝杀,红胜。

改编自2014年"QQ游戏天下棋弈"全国象棋甲级联赛金环建设陆伟韬—广东碧桂园许国义对局。

第16局 尺兵寸铁

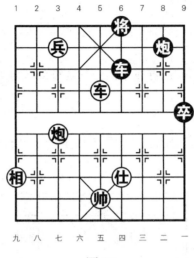

图 16

着法(红先胜)：

1. 兵七平六　　炮 8 退 1　　2. 炮七进五！　　炮 8 平 3

3. 车五进三　　将 6 进 1　　4. 兵六平五

绝杀,红胜。

改编自 2014 年"QQ 游戏天下棋弈"全国象棋甲级联赛北京威凯建设王跃飞—杭州环境集团姚洪新对局。

第17局 飞龙在天

着法(红先胜)：

1. 相五进七！　　马 2 退 4　　2. 马六进四　　将 5 平 6

黑如改走马 4 退 6,则车四平三,车 2 平 3,车三进三杀,红胜。

3. 马四进二　　将 6 平 5　　4. 车四进三

连将杀,红胜。

改编自 2014 年"QQ 游戏天下棋弈"全国象棋甲级联赛广东碧桂园许银

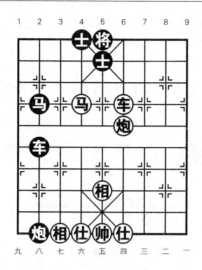

图 17

川—厦门海翼郑—泓对局。

第18局 里应外合

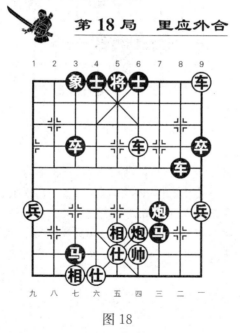

图 18

着法(红先胜):

| 1. 车一平四 | 将 5 进 1 | 2. 前车退一! | 将 5 退 1 |
| 3. 后车平五 | 象 3 进 5 | 4. 车五进一 | 士 4 进 5 |

5. 车五进一　　将5平4　　**6.** 车四进一

连将杀,红胜。

改编自 2014 年"QQ 游戏天下棋弈"全国象棋甲级联赛北京威凯建设张强—江苏句容茅山朱晓虎对局。

 第 19 局　　龙盘虎踞

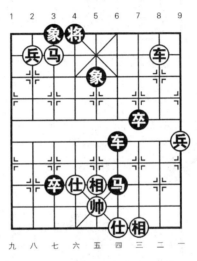

图 19

着法(红先胜):

1. 车二进一	将4进1	**2.** 马七退六	象5退7
3. 兵八平七	将4进1	**4.** 车二退二!	象7进5
5. 车二进一	象5退7	**6.** 车二平六	将4平5
7. 车六平五	将5平4	**8.** 相五进七	马6退5
9. 马六退五	车6退1	**10.** 马五进四!	车6退1
11. 车五平六			

绝杀,红胜。

改编自 2014 年"QQ 游戏天下棋弈"全国象棋甲级联赛浙江程吉俊—江苏句容茅山徐超对局。

第20局　马低兵单缺仕巧胜底卒单缺象

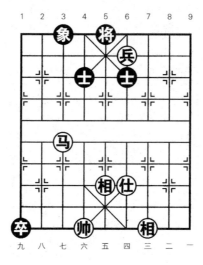

图20

着法(红先胜)：

1. 马七进六　士6退5　　2. 马六进八　卒1平2

黑如改走象3进5，则马八进九，象5进7，马九退七，将5平4，兵四平五，红胜定。

3. 马八进七　卒2平1　　4. 相五进七　卒1平2

5. 相七退九　卒2平1　　6. 帅六平五　将5平4

7. 马七退九　士5进6　　8. 马九退七　将4进1

9. 帅五平六　卒1平2　　10. 马七退九　卒2平1

11. 马九进八　卒1平2　　12. 马八退七　将4退1

13. 马七退五

捉死士，红胜定。

改编自2014年"QQ游戏天下棋弈"全国象棋甲级联赛金环建设刘明—上海金外滩赵玮对局。

第21局　柳暗花明

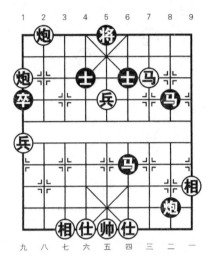

图21

着法(红先胜)：

1. 炮九进二　　将5进1　　　2. 兵五进一　　　将5平6

3. 兵五进一！　士6退5

黑如改走士4退5,则炮八退一,士5进4,炮九退一,连将杀,红胜。

4. 马三退五　　将6进1　　　5. 炮八退二

连将杀,红胜。

改编自2015年第5届"周庄杯"海峡两岸象棋大师赛江苏程鸣—厦门郑一泓实战对局。

第22局　两败俱伤

着法(红先胜)：

1. 车五进三！　炮6退4　　　2. 帅五进一　　　车8退1

3. 帅五退一　　车8平2　　　4. 车五平八　　　炮6平5

5. 炮五平三　　象7进9　　　6. 前炮平五　　　士5进6

7. 车八退六

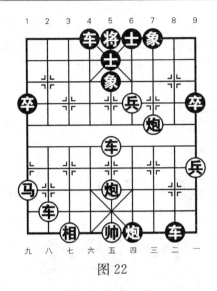

图 22

红得车胜。

改编自 2014 年"QQ 游戏天下棋弈"全国象棋甲级联赛金环建设陆伟韬—上海金外滩赵玮对局。

第 23 局　临难铸兵

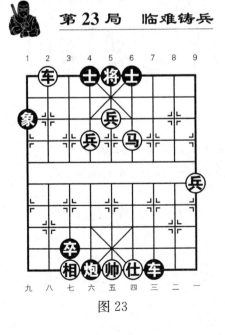

图 23

着法(红先胜)：

1. 车八退一　　士 6 进 5　　**2.** 兵五进一！　　士 4 进 5

3. 车八进一　　象 1 退 3　　**4.** 车八平七

绝杀，红胜。

改编自 2014 年"QQ 游戏天下棋弈"全国象棋甲级联赛江苏句容茅山程鸣—北京威凯建设张申宏对局。

第 24 局　　缓兵之计

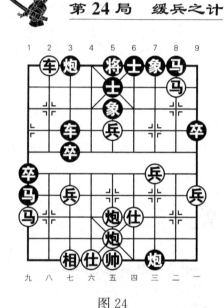

图 24

着法(红先胜)：

1. 兵五平六！　　车 3 平 4

黑如改走车 3 退 1，则马二退四，将 5 平 4，前炮平六，士 5 进 4，兵六进一，绝杀，红胜。

2. 车八平七　　车 4 退 3　　**3.** 马二退四

绝杀，红胜。

改编自 2014 年太原市"天元杯"象棋公开赛太原焦志强—晋中张壮飞对局。

 第 25 局　慧眼识珠

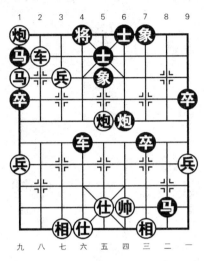

图 25

着法（红先胜）：

1. 车八进一　　马 1 退 3

黑另有以下两种应着：

(1) 将 4 进 1，兵七进一，将 4 进 1，车八退二，马 1 进 3，车八平七，连将杀，红胜。

(2) 象 5 退 3，车八退五，象 3 进 1，车八平六，士 5 进 4，兵七平六，卒 7 平 6，仕五进四，卒 6 平 5，帅四平五，卒 5 平 4，炮五平六杀，红胜。

2. 车八平七　　将 4 进 1　　3. 车七退一　　　将 4 退 1

4. 车七平六！　将 4 进 1　　5. 马九进八

连将杀，红胜。

改编自 2014 年浙江省"巾帼杯"首届女子象棋锦标赛浙江省队唐思楠—上海财经大学林琴思对局。

第 26 局　横生枝节

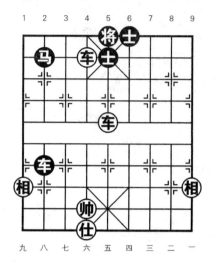

图 26

着法(红先胜)：

1. 车六平七　车 2 平 4　　2. 帅六平五　车 4 平 2

3. 车五平九　车 2 平 5　　4. 帅五平六　士 5 退 4

5. 车九平六　士 6 进 5　　6. 车七平八

红得马胜定。

改编自 2014 年第 2 届上海"川沙杯"象棋业余棋王公开赛江苏鲁天—江苏周群对局。

第 27 局　惊蛇入草

着法(红先胜)：

1. 车四平五！将 5 平 6　　2. 车五进一　将 6 进 1

3. 车八进三　士 4 进 5　　4. 车八平五　将 6 进 1

5. 前车平四

连将杀，红胜。

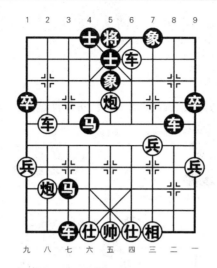

图 27

改编自 2014 年第 2 届上海"川沙杯"象棋业余棋王公开赛湖北陈汉华—江西叶辉对局。

第 28 局 井底之蛙

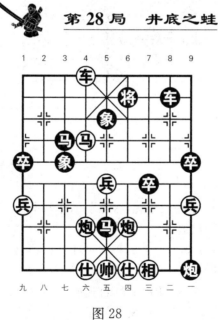

图 28

着法(红先胜):

1. 马六退四   卒 7 平 6

黑如改走将6平5,则马四进三,将5平6,车六平四,连将杀,红胜。

2.马四进三　　卒6平5　　3.车六平四

连将杀,红胜。

改编自2015年"张瑞图·八仙杯"第5届晋江(国际)象棋个人公开赛北京王天一——福建卓赟烽实战对局。

 第29局　　惊涛骇浪

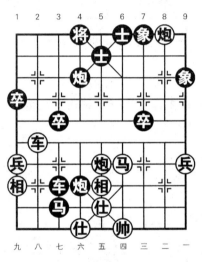

图29

着法(红先胜):

1.车八进五　　将4进1　　2.炮五平六　　后炮平6

3.马四进六　　士5进4

黑如改走炮6平4,则马六进五,后炮平5,车八退一,将4退1,马五进七,将4平5,车八平五,绝杀,红胜。

4.马六进五　　将4平5　　5.炮六平五　　炮6平5

6.车八平四!　　将5平4

黑如改走炮5进4,则车四平五杀,红速胜。

7.车四平六　　将4平5　　8.车六平七　　炮5进4

9.车七平五

绝杀,红胜。

改编自 2014 年"QQ 游戏天下棋弈"全国象棋甲级联赛杭州环境集团刘子健—内蒙古伊泰王天一对局。

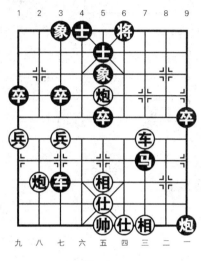

图 30

着法(红先胜)：

1. 车三平四	将 6 平 5	**2.** 车四平二	将 5 平 6
3. 车二进五	将 6 进 1	**4.** 炮八进六	士 5 进 4
5. 炮五平九	马 7 进 5	**6.** 炮九进二	将 6 进 1
7. 车二退二			

绝杀,红胜。

改编自 2014 年"QQ 游戏天下棋弈"全国象棋甲级联赛浙江赵鑫鑫—上海金外滩谢靖对局。

第 **31** 局　　抱残守缺

着法(红先胜)：

1. 车九平一　　炮 9 平 7

黑如改走炮 9 平 3,则车一进五,将 5 进 1,车一平七,炮 3 平 4,车七退一,卒

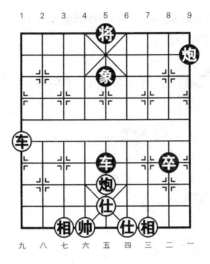

图31

8平7,车七平六,红得炮亦胜。

　　2. 车一进五　　将5进1　　**3.** 车一退一　　　　炮7平6

　　4. 车一退一

黑要丢车,红胜。

　　改编自2014年第6届"句容·茅山杯"全国象棋冠军邀请赛北京王天——黑龙江赵国荣对局。

 第32局　杯弓蛇影

　　着法(红先胜):

　　1. 炮八进七　　将4退1　　**2.** 车五平六　　士5进4

　　3. 车六进三　　将4平5　　**4.** 帅五平六　　车3退1

黑如改走炮6退4,则车六进一,将5退1,车六平五杀,红胜。

　　5. 车六平七

红得车胜。

　　改编自2014年第4届"周庄杯"海峡两岸象棋大师赛浙江黄竹风—内蒙古王天一对局。

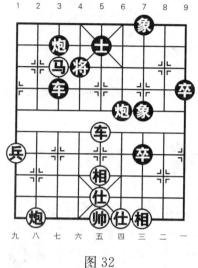

图 32

第 33 局　兵精粮足

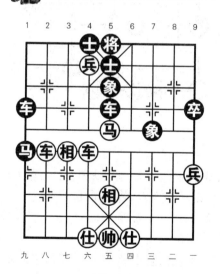

图 33

着法(红先胜)：

1. 车八进五　车 1 平 4

黑如改走车 5 进 1,则兵六进一,将 5 平 6(黑如士 5 退 4,则车八平六,将 5 进 1,后车进四杀,红胜),车六平四,士 5 进 6,车四进三杀,红胜。

2. 车六进二　　车5平4　　**3.** 马五进四！　　将5平6

4. 兵六平五

下一步马四进二杀，红胜。

改编自 2014 年第 4 届"周庄杯"海峡两岸象棋大师赛四川郑惟桐—厦门陈鸿盛对局。

第 34 局　笨鸟先飞

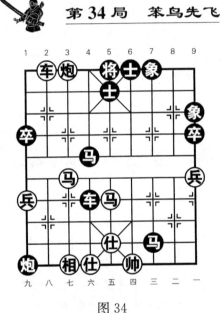

图 34

着法(红先胜)：

1. 炮七退二　　士5退4　　**2.** 马七进五　　马4退3

黑如改走车4平5，则马五进六，将5进1，车八退一杀，红胜。

3. 前马进四　　将5进1　　**4.** 车八退一　　将5进1

5. 马四进二　　士4进5

黑如改走车4平5，则马二进四，将5平4，车八平六杀，红胜。

6. 马二退三　　将5平4　　**7.** 马三退五　　将4平5

8. 后马进四

绝杀，红胜。

改编自 2014 年第 4 届"周庄杯"海峡两岸象棋大师赛内蒙古洪智—河北陆

伟韬对局。

第 35 局　蚕食鲸吞

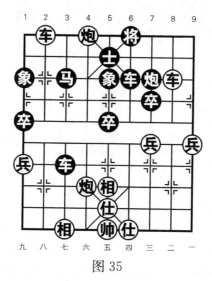

图 35

着法(红先胜)：

1. 车二进二　　炮 7 退 2　　2. 前炮平三！　　马 3 退 2

3. 炮三平八　　将 6 进 1　　4. 炮六进六　　士 5 进 4

5. 车二退一　　将 6 退 1　　6. 炮六平九

下一步炮九进一杀，红胜。

改编自 2014 年"朱宝位杯"全国象棋团体赛厦门海翼象棋俱乐部谢业枧—火车头队崔峻对局。

第 36 局　沉鱼落雁

着法(红先胜)：

1. 帅五平六！　　车 9 平 8

黑如改走车 3 退 4，则车五平六，卒 7 平 6，前车进三，车 3 平 4，车六进六杀，红胜。

2. 车五平七！　　车 3 平 5　　3. 车七进三！　　士 5 退 4

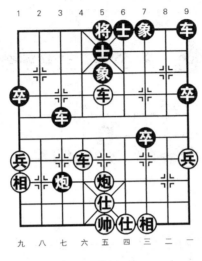

图 36

4. 车七平六　　将 5 进 1　　5. 后车进五
绝杀，红胜。

改编自 2014 年"朱宝位杯"全国象棋团体赛广东碧桂园队许银川—北京威凯建设队张强对局。

 第 37 局　蟾宫折桂

着法(红先胜)：

1. 炮四平五　　象 3 进 5　　2. 马五退三　　象 5 退 3

3. 后马进五！象 7 退 5　　4. 车六平五　　将 6 进 1

5. 车五平三

捉死炮，红胜定。

改编自 2014 年"朱宝位杯"全国象棋团体赛厦门海翼象棋俱乐部郑一泓—浙江队赵鑫鑫对局。

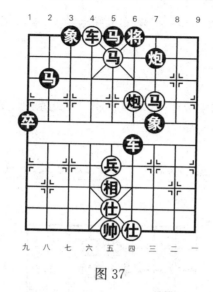

图 37

第38局　豺狼当道

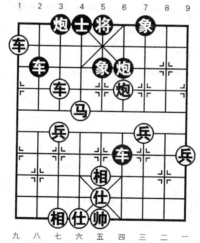

图 38

着法(红先胜)：

1. 车九平四　　士4进5　　　2. 车七进二　　　将5平4

黑如改走士5进4,则炮四平五,士4退5,车七平五,将5平4,车五平六,绝杀,红胜。

3. 车四平五　　车2平4　　4. 车五平六！　　车4退1

5. 车七进一

绝杀，红胜。

改编自2014年"朱宝位杯"全国象棋团体赛北京威凯建设队张申宏—福建深圳科士达代表队王石对局。

 第39局　车单缺相必胜马双士

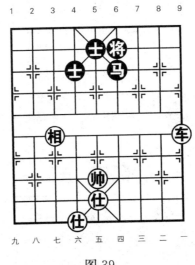

图39

着法(红先胜)：

1. 车一进四　　将6退1　　2. 车一进一　　将6进1

3. 帅五平四　　士5退4　　4. 车一平六　　士4退5

5. 车六退一　　将6退1　　6. 车六平五

困毙，红胜。

改编自2014年"伟康杯"风云昆山象棋实名群第1届总决赛湖北杨小平—昆山赵纯对局。

第40局 草长莺飞

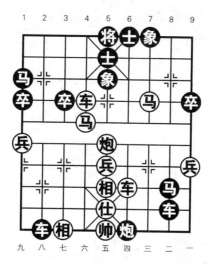

图 40

着法(红先胜):

1. 车四进七! 将5平6　　2. 马三进二　　将6进1

3. 车六平四　士5进6　　4. 车四进一

连将杀,红胜。

改编自2015年腾讯棋牌全国象棋甲级联赛杭州环境集团汪洋—厦门海翼陆伟韬对局。

第41局 唇亡齿寒

着法(红先胜):

1. 马九进七　将5平4　　2. 车四进六!　士5进6

3. 车八平六　马3进4　　4. 车六进五

绝杀,红胜。

改编自2014年第2届"财神杯"电视象棋快棋邀请赛湖北柳大华—浙江于幼华对局。

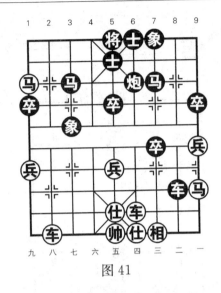

图 41

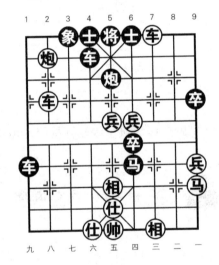

第 42 局　打草惊蛇

图 42

着法(红先胜)：

1. 车八平四　　士 4 进 5　　　2. 炮八平五！　　将 5 进 1

3. 车四进二！　将 5 平 6　　　4. 车三退一　　　将 6 进 1

5. 兵四进一

绝杀,红胜。

改编自 2014 年第 2 届"财神杯"电视象棋快棋邀请赛北京王天——上海孙勇征对局。

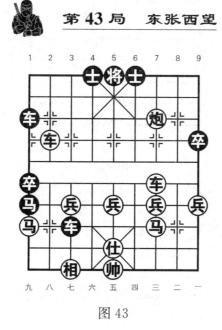

第 43 局　东张西望

图 43

着法(红先胜):

1. 车八平五　　士 6 进 5　　　2. 炮三平七!　　将 5 平 6

3. 车三平四　　将 6 平 5　　　4. 炮七进二

绝杀,红胜。

改编自 2013—2014 年"孚日家纺杯"全国象棋女子甲级联赛安徽棋院梅娜——浙江棋类协会唐思楠对局。

第 44 局　堤溃蚁穴

着法(红先胜):

1. 车三退一　　将 6 退 1　　　2. 马七进五　　车 6 平 8

3. 车三进一　　将 6 进 1　　　4. 马五进四　　车 8 退 2

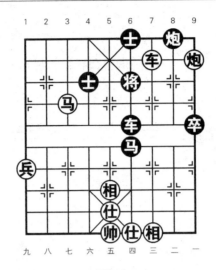

图 44

黑如改走马6退5,则车三退二捉马叫杀,红胜定。

5.车三平四　　将6平5　　6.车四退四　　　将5退1

7.马四退二　　将5退1　　8.车四进五

绝杀,红胜。

改编自 2013—2014 年"孚日家纺杯"全国象棋女子甲级联赛北京中加实业唐丹—浙江波尔轴承陈青婷对局。

 ## 第 45 局　　风扫落叶

着法(红先胜):

1.车三进六　　士5退6　　2.车五进五　　　士4进5

3.车五进一　　将5平4　　4.车三平四

连将杀,红胜。

改编自 2006 年"莲花钢杯"第14届亚洲象棋锦标赛越南吴兰香—新加坡苏盈盈对局。

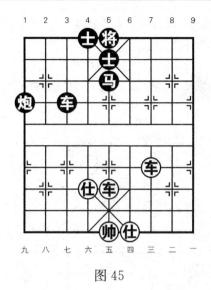

图 45

第46局 防不胜防

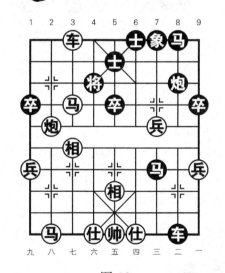

图 46

着法(红先胜)：

1. 炮八进二！ 炮8进1 **2.** 车七退二 将4退1

3. 车七进一 将4进1 **4.** 车七平六

绝杀,红胜。

改编自 2013—2014 年"孚日家纺杯"全国象棋女子甲级联赛新晚报黑龙江王琳娜—浙江波尔轴承陈青婷对局。

第 47 局　俯首听命

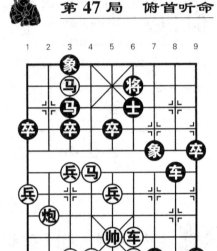

图 47

着法(红先胜)：

1. 炮八进六　　马 3 退 5　　　2. 马六进五　　　象 7 退 5

3. 马七退五！　将 6 退 1

黑如改走马 5 进 3,则前马进七,将 6 退 1,车四进六杀,红胜。

4. 车四进六　　将 6 平 5　　　5. 前马进七　　　将 5 平 4

6. 车四进二

连将杀,红胜。

改编自 2006 年第 7 届重庆棋王赛许文学—胡智慧对局。

第 48 局　横扫千军

着法(红先胜)：

1. 马六进四　　将 5 退 1

黑如改走将 5 进 1,则马四退五,马 3 进 5,车七平五,将 5 平 6,车五平四,连

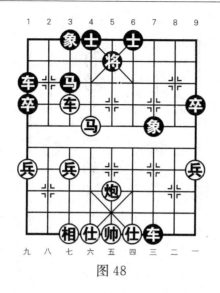

图 48

将杀,红胜。

2.车七平五　象 3 进 5

黑如改走士 4 进 5,则马四进三,将 5 平 4,车五平六,士 5 进 4,车六进一,连
将杀,红胜。

3.马四进三　将 5 进 1　　4.车五平八　将 5 平 4

5.车八平六

连将杀,红胜。

改编自 2006 年"西乡引进杯"全国象棋个人赛黑龙江王琳娜—广东文静
对局。

 第 49 局　骨肉相连

着法(红先胜):

1.车四平八　车 2 平 6　　2.炮四退二　卒 8 平 7

3.车八进四

下一步车八平四杀,红胜。

改编自 2013 年"楠溪江杯"决战名山全国象棋冠军挑战赛北京王天——浙
江赵鑫鑫对局。

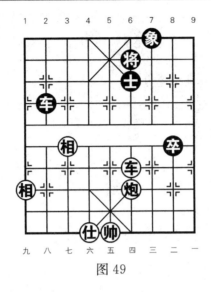

图 49

第 50 局　　虎视眈眈

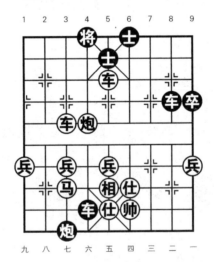

图 50

着法（红先胜）：

1. 车五平六　　将 4 平 5	2. 车七进四　　士 5 退 4
3. 车七平六　　将 5 进 1	4. 前车退一　　将 5 退 1
5. 后车平五　　士 6 进 5	6. 车五进一　　将 5 平 6

7. 车六进一

连将杀,红胜。

改编自 2006 年"启新高尔夫杯"全国象棋甲级联赛重庆大江摩托许文学—浙江西贝乐宇宙联盟于幼华对局。

第 51 局　　虎口余生

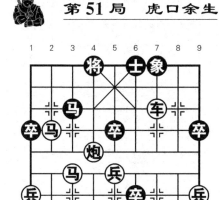

图 51

着法(红先胜):

1. 马七进六!	马 3 进 4	2. 车三平六	将 4 平 5
3. 马八进七	将 5 进 1	4. 车六平二	将 5 平 4
5. 车二退五			

红得车胜定。

改编自 2013 年"石狮・爱乐杯"全国象棋个人赛成都棋院队郑惟桐—北京威凯建设象棋队王天一对局。

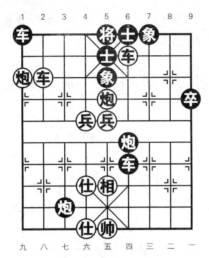

图 52

着法(红先胜)：

1. 炮九平五　　将5平4　　2. 车四进一！　　将4进1

3. 车八进一　　将4进1　　4. 兵六进一　　将4平5

5. 车八退一　　士5进4　　6. 兵六进一　　将5退1

7. 兵六平五　　将5平4　　8. 车八平六

连将杀，红胜。

改编自 2013 年"石狮·爱乐杯"全国象棋个人赛山东中国重汽象棋队卜凤波—内蒙古自治区郑一泓对局。

　　　第 53 局　　兵来将挡

着法(红先胜)：

1. 兵四进一！　士5进6　　2. 马六进五　　将6平5

3. 马五进三

红得炮胜定。

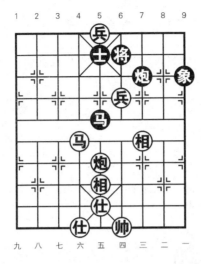

图 53

改编自 2013 年"石狮·爱乐杯"全国象棋个人赛内蒙古自治区郑一泓—广东碧桂园象棋队许国义对局。

第54局　动如脱兔

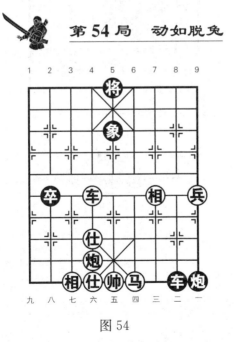

图 54

着法(红先胜)：

1. 炮六平五　　象5进7　　　2. 相三退五　　象7退5

3. 相五退三 　　象 5 进 7 　　**4.** 马四进五 　　象 7 退 5

5. 马五进四 　　象 5 进 7

黑如改走将 5 平 6,则车六进五,将 6 进 1,马四进三,将 6 进 1,车六平四,连将杀,红胜。

6. 马四进五 　　象 7 退 5 　　**7.** 马五进七 　　象 5 进 7

8. 车六进五

连将杀,红胜。

改编自 2013 年"石狮·爱乐杯"全国象棋个人赛广东碧桂园象棋队许银川—火车头棋牌俱乐部崔岩对局。

 第 55 局 　风吹草动

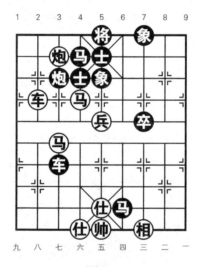

图 55

着法(红先胜):

1. 马六进四! 　将 5 平 6 　　**2.** 车八进三 　　将 6 进 1

3. 马四进二

下一步车八平四杀,红胜。

改编自 2006 年"交通建设杯"全国象棋大师冠军赛上海孙勇征—河北陈翀对局。

第56局 飞禽走兽

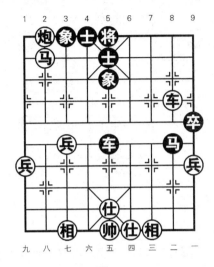

图 56

着法(红先胜)：

1. 车二进三　　象5退7　　2. 车二平三　　　士5退6

3. 马八退六　　将5进1　　4. 马六退四

叫将抽车,红胜定。

改编自2013年"碧桂园杯"第13届世界象棋锦标赛越南阮黄燕—德国吴彩芳对局。

第57局 肺腑之言

着法(红先胜)：

1. 炮九平五!　　象5进3

黑如改走卒5进1,则帅五平四,卒5进1,帅四进一,车3进8,帅四进一,士4进5,车四平五杀,红胜。

2. 炮五退六　　车5进4　　3. 帅五平四　　　士4进5

4. 车六平五!　　车5退6　　5. 车四进一

绝杀,红胜。

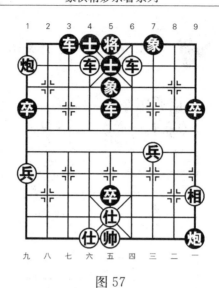

图 57

改编自 2013 年"碧桂园杯"第 13 届世界象棋锦标赛中国台北李孟儒—东马林嘉佩对局。

第 58 局　蜂拥而至

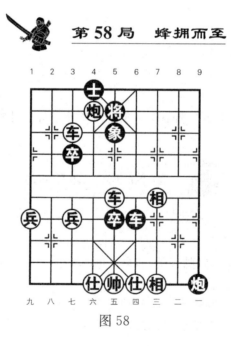

图 58

着法(红先胜)：

1. 车七平五   将 5 平 6

黑如改走将 5 平 4,则后车平六杀,红速胜。

2. 前车进一   将 6 退 1   3. 前车进一   将 6 进 1

4. 后车进四   将 6 进 1   5. 前车平四

连将杀,红胜。

改编自 2013 年"碧桂园杯"第 13 届世界象棋锦标赛中国澳门曹岩磊—日本所司和晴对局。

第59局   寡不敌众

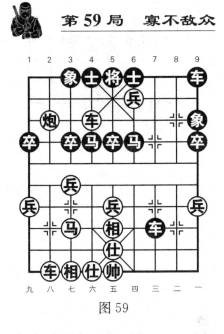

图 59

着法(红先胜):

1. 炮八进二   士 6 进 5   2. 兵四平五!   将 5 进 1

3. 车八进八   将 5 退 1   4. 车六进二

绝杀,红胜。

改编自 2013 年"碧桂园杯"第 13 届世界象棋锦标赛越南阮黄燕—东马林嘉佩对局。

第60局　兵藏武库

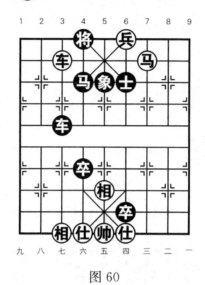

图60

着法(红先胜)：

1. 兵四平五！　马4退5　　2. 马三退五　　士6退5

3. 车七退三

红得车胜定。

改编自2006年"启新高尔夫杯"全国象棋甲级联赛黑龙江名烟总汇长白山陶汉明—上海金外滩万春林对局。

第61局　胆战心惊

着法(红先胜)：

1. 车六进二　　士6进5　　2. 马七退六　　将6退1

3. 车六平五！　象7进5　　4. 车五退一

双叫杀，红胜。

改编自2006年"西乡引进杯"全国象棋个人赛浙江张申宏—福建陈泓盛对局。

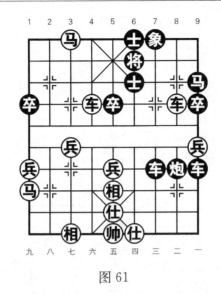

图 61

 第 62 局　接踵而来

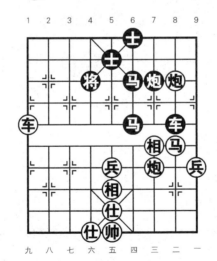

图 62

着法(红先胜)：

1. 车九平六　　将 4 平 5　　**2.** 车六平四！　　车 8 退 2

黑如改走车 8 平 6，则炮三进四重炮杀，红胜。

3. 马二进三　　将 5 平 4　　**4.** 车四平六　　马 6 进 4

5.车六进一

绝杀,红胜。

改编自 2013 年福建省永定"土楼杯"中国象棋国际团体邀请赛厦门队郑乃东—福鼎队柳文耿对局。

第 63 局　骄兵必败

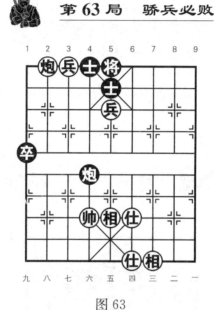

图 63

着法(红先胜):

1.兵七平六!　　将 5 平 4　　　**2.**兵五进一　　　卒 1 进 1

3.炮八退九　　卒 1 平 2　　　**4.**炮八平六

捉死炮,红胜定。

改编自 2013 年福建省永定"土楼杯"中国象棋国际团体邀请赛厦门队郑一泓—福鼎队高定诺对局。

第 64 局　　降龙伏虎

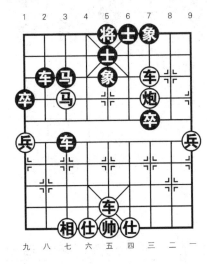

图 64

着法(红先胜)：

1. 马七进五！　象 7 进 5　　2. 车三平五　　　将 5 平 4

3. 后车平六　将 4 平 5　　4. 炮三进三

绝杀，红胜。

改编自 2013 年"碧桂园杯"第 13 届世界象棋锦标赛中国孙勇征—中国澳门李锦欢对局。

第 65 局　　惊诧万分

着法(红先胜)：

1. 车八平五！　将 5 平 4　　2. 车五进一　　　将 4 进 1

3. 车三进一　士 6 进 5　　4. 车三平五　　　将 4 进 1

5. 前车平六

连将杀，红胜。

改编自 2006 年"楚河汉界杯"全国象棋等级赛河北范向军—北京李贺对局。

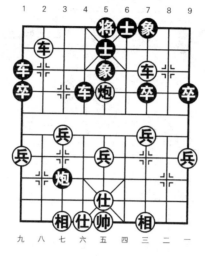

图 65

 第66局 举重若轻

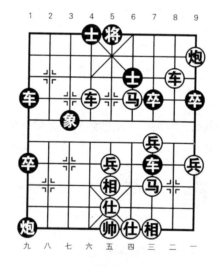

图 66

着法(红先胜):

1. 车二进二　　将5进1　　2. 车二退一　　将5退1

黑如改走将5进1,则车六进一杀,红胜。

3. 马四进六　　将5平6　　4. 车二进一

连将杀，红胜。

改编自2013年"永虹·得坤杯"第16届亚洲象棋个人赛越南赖理兄—澳大利亚胡敬斌对局。

 第 67 局　独断专行

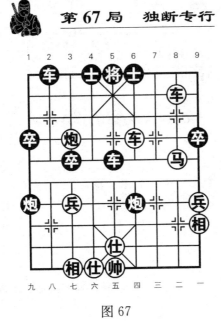

图 67

着法(红先胜)：

1. 车四进三！　将5平6　　2. 马二进三　　将6平5

3. 车二进一　　炮6退6　　4. 车二平四

连将杀，红胜。

改编自2013年"永虹·得坤杯"第16届亚洲象棋个人赛汶莱余祖望—缅甸张旺后对局。

第 68 局　风驰电掣

着法(红先胜)：

1. 车六进一　　将5进1　　2. 车六退一　　将5退1

3. 炮八进八　　马1退2　　4. 车六进一　　将5进1

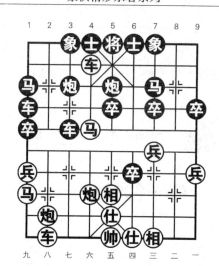

图 68

5. 车八进八	炮3退1	6. 车六退一	将5退1
7. 车八进一	炮3平1	8. 车六进一	将5进1
9. 车八退一	车3退3	10. 车八平七	

绝杀,红胜。

改编自2013年第3届"辛集国际皮革城杯"象棋公开赛山东孟辰—河北周金红对局。

 第69局　含笑九泉

着法(红先胜):

1. 炮九进三!	车4平1	2. 车八平六	炮9平5
3. 帅五平四			

双叫杀,红胜。

改编自2013年第3届"辛集国际皮革城杯"象棋公开赛内蒙古陈栋—湖北刘宗泽对局。

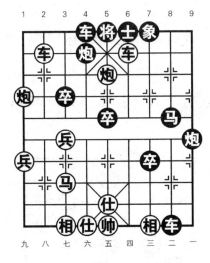

图 69

 第 70 局 皓首穷经

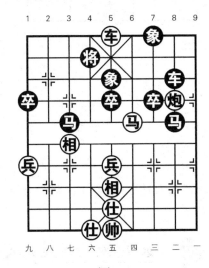

图 70

着法(红先胜):

1. 马四退六　　象 5 进 7　　2. 马六进七　　车 8 平 3

3. 车五平七

捉死车,红胜定。

改编自 2013 年第 3 届"辛集国际皮革城杯"象棋公开赛澳门曹岩磊—辽宁苗永鹏对局。

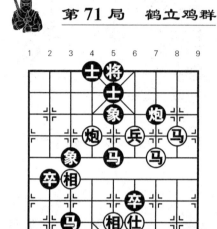

图 71

着法(红先胜):

1. 马二进三　　将 5 平 6　　2. 兵四进一!　　马 5 退 6

3. 炮六平四　　马 6 退 7　　4. 后马进四

绝杀,红胜。

改编自 2013 年浙江省"永力杯"一级棋士象棋公开赛天津张彬—杭州张培俊对局。

 第 72 局　　蛊惑人心

着法(红先胜):

1. 车四退一　　士 4 退 5　　2. 马五退七　　将 4 退 1

3. 车四平五

捉炮叫杀,红胜定。

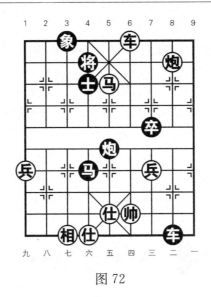

图 72

改编自 2013 年第 2 届重庆"黔江杯"全国象棋冠军争霸赛湖北柳大华—北京王天一对局。

第73局　间不容发

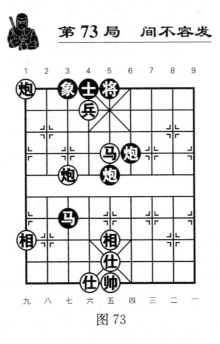

图 73

着法(红先胜):

1. 马五进七　　将5平6

黑如改走炮6平3,则兵六进一,将5平6,马七退五,炮3平2,兵六平七,炮2退3,兵七平八杀,红胜。

2. 兵六平五　　炮6平3　　**3.** 马七进六　　炮3平2

4. 马六退四　　象3进5　　**5.** 马四退五　　炮2退1

6. 炮七进四　　炮2退2　　**7.** 马五进三

绝杀,红胜。

改编自2013年第2届重庆"黔江杯"全国象棋冠军争霸赛云南赵冠芳—河北尤颖钦对局。

 第74局　　鲤鱼打挺

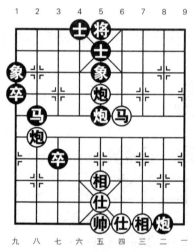

图74

着法(红先胜):

1. 马四进二　　将5平6　　**2.** 炮八平四　　马2进4

3. 马二进四　　炮5平6　　**4.** 炮五平四

绝杀,红胜。

改编自2013年重庆黔江"体彩杯"象棋公开赛四川郑惟桐—四川赵攀伟对局。

第 75 局 口若悬河

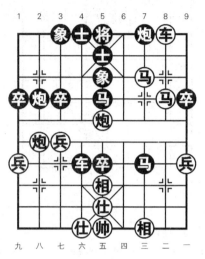

图 75

着法(红先胜):

1. 车二平三！ 象 5 退 7

黑如改走士 5 退 6,则车三平四杀,红胜。

2. 马二进四

连将杀,红胜。

改编自 2007 年"首都家居联盟杯"全国象棋男子双人表演赛江苏汤沟两相和徐天红王斌—北京中加张强蒋川对局。

第 76 局 车低兵仕相全巧胜马士象全

着法(红先胜):

1. 车七退一！ 士 6 进 5

黑如改走士 4 退 5,则车七进二！象 7 进 9,帅五平六,象 9 退 7,兵六进一,士 5 退 4,车七平六,将 5 进 1,车六平四,红胜定。

2. 车七平八！ 象 7 进 9   3. 兵六进一！   将 5 平 4

黑如改走将 5 平 6,则车八进二,象 9 进 7,兵六平五,将 6 进 1,形成"车底兵

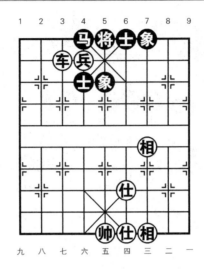

图 76

必胜士象全"的实用残局,红胜定。

4.车八进二！ 将4进1　　5.帅五平六　　士5进6

6.车八退二！ 士6退5　　7.车八进一　　将4退1

8.车八平五

形成"单车必胜单缺士"的实用残局,红胜定。

改编自2013年第2届重庆"黔江杯"全国象棋冠军争霸赛河北申鹏—黑龙江赵国荣对局。

 ### 第77局　开枝散叶

着法(红先胜):

1.兵五平四　　士4进5　　2.车六平四　　将5平4

3.前车进一！ 将4进1　　4.后车平六　　士5进4

5.车四退一　　将4退1　　6.车六进一

绝杀,红胜。

改编自2013年重庆黔江"体彩杯"象棋公开赛重庆沙区许文学—山东李翰林对局。

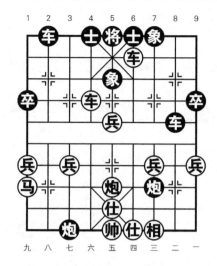

图 77

 第78局 扣人心弦

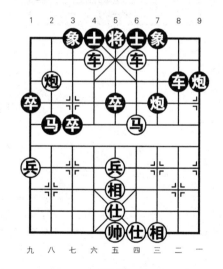

图 78

着法(红先胜):

1.帅五平六	士6进5	2.车四平五！	士4进5
3.炮八进二	士5退4	4.车六进一	将5进1
5.车六退一			

绝杀,红胜。

改编自 2013 年重庆黔江"体彩杯"象棋公开赛四川曾军—贵州夏刚对局。

第 79 局　里勾外连

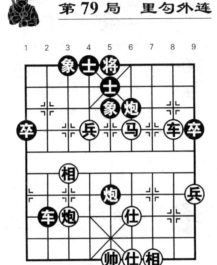

图 79

着法(红先胜):

1. 炮七进七!	象 5 退 3	2. 车二进三	士 5 退 6
3. 马四进六	将 5 进 1	4. 车二退一	将 5 进 1
5. 马六进八	车 2 平 5	6. 仕四进五!	车 5 平 2
7. 仕五进六			

黑只有弃车砍马,红胜定。

改编自 2013 年安徽"甬商投资杯"象棋名人赛湖北陈汉华—天津潘奕辰对局。

 ## 第 80 局　李代桃僵

着法(红先胜):

　第一种攻法:

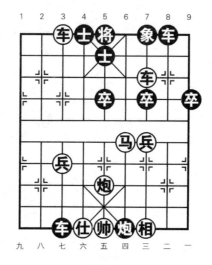

图 80

1. 车三平六	象 7 进 5	2. 车六平五	车 8 进 1
3. 车五平六	将 5 平 6	4. 车七平六！	士 5 退 4
5. 车六进二！	将 6 进 1	6. 马四进五	将 6 进 1
7. 车六退二			

绝杀，红胜。

第二种攻法：

1. 车三进一	象 7 进 5	2. 炮五进五	士 5 进 6
3. 车七退一	炮 6 平 4	4. 车七平五	将 5 平 6
5. 车三平四			

绝杀，红胜。

改编自 2013 年安徽"甬商投资杯"象棋名人赛安徽倪敏—安徽王靖对局。

 第 81 局　　利涉大川

着法（红先胜）：

1. 马六进七　　将 4 平 5

黑如改走将 4 进 1，则车八退一，将 4 进 1，兵五平六，连将杀，红胜。

| 2. 兵五进一！ | 车 8 平 5 | 3. 帅五平六 | 士 5 退 4 |

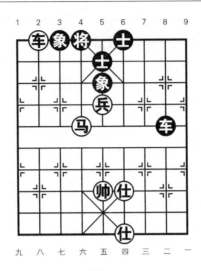

图 81

4. 车八平七　　士 6 进 5　　　5. 兵五进一！　　将 5 平 6

6. 车七平六

绝杀，红胜。

改编自 2013 年第 3 届"温岭·长屿硐天杯"全国象棋国手赛浙江赵鑫鑫—广东吕钦对局。

 第 82 局　　浪子回头

着法(红先胜)：

1. 车一进一　　将 5 进 1　　　2. 马四进三　　　士 4 退 5

3. 车一退一　　士 5 进 6　　　4. 车一平四

绝杀，红胜。

改编自 2013 年"家和盛世·中正花园杯"象棋公开赛老张家膏药队黎德志—武汉二队刘宗泽对局。

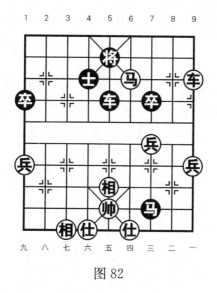

图 82

 第 **83** 局　了如指掌

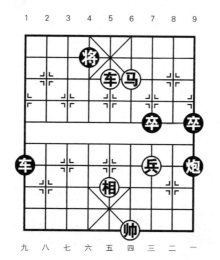

图 83

着法(红先胜)：

1. 车五进二！　将 4 进 1　　2. 马四退五　　　将 4 退 1

3. 马五进七　　将 4 进 1　　4. 车五平六

连将杀,红胜。

改编自 2013 年陕西省"丈八门窗杯"城际象棋联赛安康队柳大华—榆林队李锦林对局。

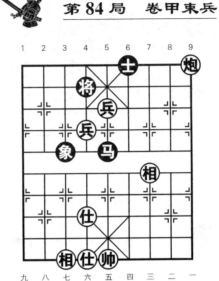

图 84

着法(红先胜):

1. 兵六进一!　　马 5 退 4　　　2. 兵五平六　　　将 4 进 1

3. 炮一退八

下一步炮一平六杀,红胜。

改编自 2013 年"家和盛世·中正花园杯"象棋公开赛广东黎德志—河南唐福亮对局。

 第 85 局　　救苦救难

着法(红先胜):

1. 马六进四　　　炮 5 平 6　　　2. 车九平四　　　士 4 进 5

3. 车四进一!　　将 5 平 6　　　4. 炮七平四

绝杀,红胜。

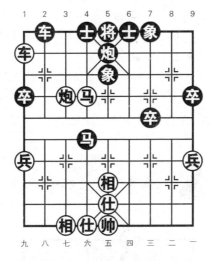

图 85

改编自 2013 年"QQ 游戏天下棋弈"全国象棋甲级联赛湖北武汉光谷地产洪智—广西跨世纪张学潮对局。

第 86 局　凌空飞渡

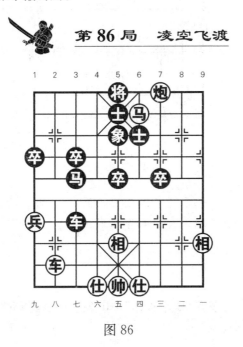

图 86

着法(红先胜)：

1. 车八进八　　士 5 退 4　　　**2.** 车八平六　　　将 5 进 1

3. 车六平四　　将5平4　　　　**4.** 炮三退一　　士6退5

5. 车四平五　　车3平6　　　　**6.** 车五退一　　将4退1

7. 车五平六　　将4平5　　　　**8.** 车六进一

绝杀，红胜。

改编自2013年"QQ游戏天下棋弈"全国象棋甲级联赛广东碧桂园许银川—上海金外滩万春林对局。

第87局　龙行虎步

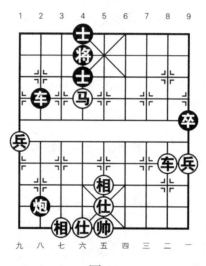

图87

着法(红先胜)：

1. 马六进四　　将4平5　　　　**2.** 车二进五　　将5进1

3. 马四进三！　士4退5　　　　**4.** 车二退一　　士5进6

5. 车二平四

绝杀，红胜。

改编自2013年河南省"梦之蓝杯"中国象棋公开赛郑州腾飞队姚洪新—郑州腾飞队颜成龙对局。

第88局　量力而行

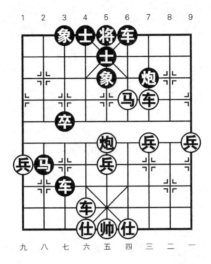

图88

着法(红先胜)：

1. 马四进三　　车6进1　　2. 车三平二!　　车6平7

3. 车二进三　　车7退1　　4. 车二平三

绝杀,红胜。

改编自2013年江苏省东台市第2届"群文杯"象棋公开赛上海陈泓盛—浙江王家瑞对局。

第89局　前呼后拥

着法(红先胜)：

1. 车七进一　　士5退4　　2. 车七平六　　　将6进1

3. 炮九退一　　将6进1　　4. 车六退二

连将杀,红胜。

改编自2007年天津"南开杯"环渤海象棋精英赛河北申鹏—大连苗永鹏对局。

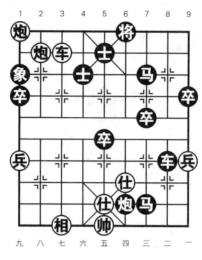

图 89

第 **90** 局　乾坤倒置

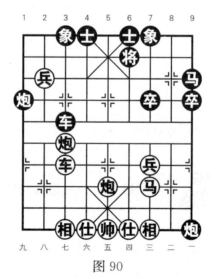

图 90

着法(红先胜)：

1. 车七平四　　将6平5　　2. 炮七平五　　　将5平4

3. 车四平六　　炮1平4　　4. 车六进三

连将杀，红胜。

改编自 2007 年"伊泰杯"全国象棋个人赛湖北柳大华—化工田长兴对局。

第 91 局　骑虎难下

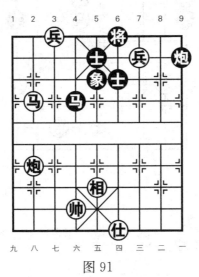

图 91

着法(红先胜)：

1. 马八进六！　士 5 退 4　　　2. 炮八进六　　　炮 9 退 1

3. 兵七平六　　象 5 退 3　　　4. 兵三进一

绝杀,红胜。

改编自 2013 年"QQ 游戏天下棋弈"全国象棋甲级联赛广东碧桂园庄玉庭—江苏句容茅山王斌对局。

第 92 局　千呼万唤

着法(红先胜)：

1. 车八进六　　士 5 退 4　　　2. 马四进六　　　将 5 进 1

3. 车八退一　　将 5 进 1　　　4. 兵五进一

连将杀,红胜。

改编自 2013 年"锦龙杯"象棋个人公开赛河南姚洪新—广西李立明对局。

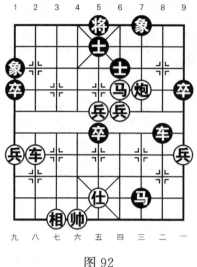

图 92

第 93 局　　轻拢慢捻

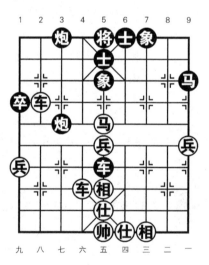

图 93

着法(红先胜)：

1. 帅五平六！　　车5平3　　　　2. 相五进七！　　后炮平4

黑如改走前炮退 3，则马五进四，士 5 进 6，车六进七，将 5 进 1，车六退一，将 5 退 1，车八进三，下一步车八平七杀，红胜。

3. 车六进七！ 士5退4   **4.** 马五进六   将5进1

5. 车八进二

绝杀,红胜。

改编自2013年"锦龙杯"象棋个人公开赛河南姚洪新—广东耿天恺对局。

第94局 鸠占鹊巢

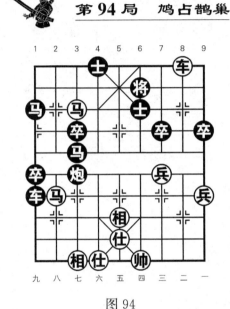

图94

着法(红先胜):

1. 马七进六   将6平5   **2.** 车二退一   将5退1

3. 马六退七   将5平6   **4.** 车二退一   马1进2

5. 车二平四   将6平5   **6.** 车四进二

绝杀,红胜。

改编自2007年"伊泰杯"全国象棋个人赛火车头陈启明—内蒙古宿少峰对局。

第 95 局　蜻蜓点水

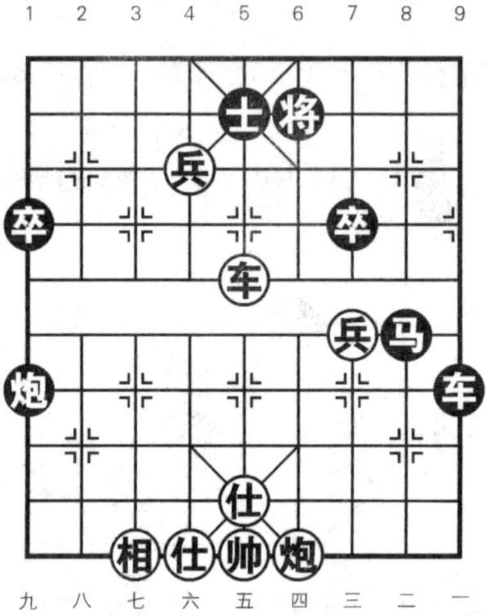

图 95

着法(红先胜)：

1. 仕五进四　　炮 1 平 6

黑如改走士 5 进 6,则兵六平五,炮 1 平 6,兵五平四! 将 6 进 1,车五平四杀,红胜。

2. 车五进三　　将 6 退 1	3. 兵六进一　　炮 6 进 3
4. 车五进一　　将 6 进 1	5. 兵六平五　　将 6 进 1

6. 车五平四

绝杀,红胜。

改编自 2013 年龙城棋协"世纪星小学杯"象棋擂台赛山西焦志强—山西韩强对局。

第 96 局　日薄西山

着法(红先胜)：

1. 车一进三　　象 5 退 7	2. 车一平三　　士 5 退 6
3. 马八进六　　将 5 进 1	4. 车三退一　　将 5 进 1

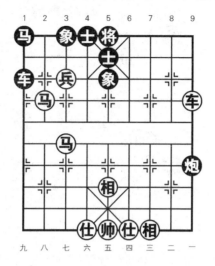

图 96

5. 车三退一　　将 5 退 1　　6. 马六退四　　将 5 退 1

黑如改走将 5 平 6, 则车三进一, 将 6 进 1, 马七进六, 将 6 平 5, 车三退一杀, 红胜。

7. 马四进三　　将 5 进 1　　8. 马七进六　　将 5 平 4

9. 车三平六　　将 4 平 5　　10. 车六进二　　将 5 平 6

11. 车六退一　　士 6 进 5　　12. 车六平五　　将 6 退 1

13. 车五进一　　将 6 进 1　　14. 马三退一

下一步马一进二或马一退三杀, 红胜。

改编自 2013 年"秀容·御苑杯"象棋公开赛四川郑惟桐—河北申鹏对局。

 ## 第 97 局　情势不妙

着法(红先胜):

1. 相五进七!　　士 5 进 6　　2. 车八平五!　　士 6 进 5

3. 马五进七　　将 4 进 1　　4. 车五平八

下一步车八退二杀, 红胜。

改编自 2013 年"秀容·御苑杯"象棋公开赛湖北李雪松—山东才溢对局。

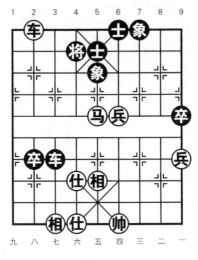

图 97

 第98局　如鱼得水

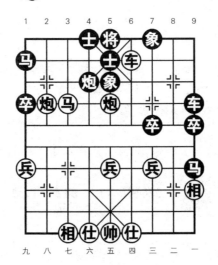

图 98

着法(红先胜)：

1. 炮八进三　　马1退3　　**2.** 车四平五　　将5平6

3. 马七进六　　车9平5　　**4.** 车五退一　　将6进1

5. 车五退一

红得车胜定。

改编自2013年"秀容·御苑杯"象棋公开赛湖北汪洋—澳门曹岩磊对局。

 第99局 三思而行

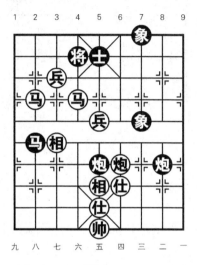

图99

着法(红先胜):

1. 兵七进一　　将4退1　　**2.** 兵七进一　　　将4平5

黑如改走将4进1,则马六进八,连将杀,红速胜。

3. 马八进七　　将5平6　　**4.** 马六进四

连将杀,红胜。

改编自2013年第5届"淮阴·韩信杯"象棋国际名人赛中国程鸣—德国霍甲腾对局。

 第100局 桑榆暮景

着法(红先胜):

1. 车一进二!　车4退4　　**2.** 车二平四　　　将6平5

3. 车一进一　士5退6　　**4.** 车四进一　　　将5进1

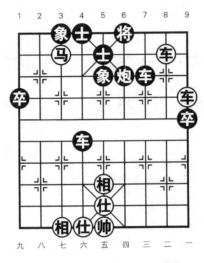

图 100

5. 车一退一　　炮 6 退 1　　**6.** 车一平四

绝杀,红胜。

改编自 2013 年芍药棋缘江苏仪征市"佳和杯"象棋公开赛上海市王鑫海—淮安市韩传明对局。

 第 101 局　　百炼成钢

着法(红先胜):

1. 车九平七	将 5 平 6	**2.** 炮七进五	将 6 进 1
3. 炮八退一	士 5 进 4	**4.** 车七进一	士 4 进 5
5. 车七退二	士 5 退 4	**6.** 车七平一	车 5 平 2
7. 车一进二	将 6 进 1	**8.** 炮七退二	士 4 退 5
9. 车一退一			

绝杀,红胜。

改编自 2013 年芍药棋缘江苏仪征市"佳和杯"象棋公开赛上海市王鑫海—扬州市张晨对局。

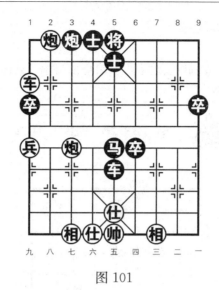

图 101

第 **102** 局　赤诚相待

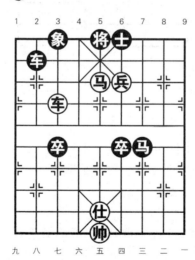

图 102

着法（红先胜）：

1. 马五进七	将 5 进 1	2. 车七平五	将 5 平 4
3. 车五平六	将 4 平 5	4. 帅五平六	卒 3 平 4
5. 车六平五	将 5 平 4	6. 兵四平五	

下一步车五平六杀,红胜。

改编自 2013 年江都"泰润大酒店·铂金府邸杯"象棋公开赛广东省许国义—河北省王瑞祥对局。

第 103 局　　出人头地

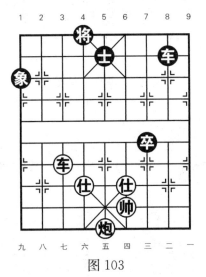

图 103

着法(红先胜):

1. 车七平六　　士 5 进 4　　　　2. 车六进四　　　车 8 平 4

黑如改走将 4 平 5,则仕四退五,车 8 平 5,炮五进八,红得车胜定。

3. 车六进一　　将 4 进 1　　　　4. 帅四平五

下一步炮五平六杀,红胜。

改编自 2013 年大武汉"黄鹤楼杯"职工象棋邀请赛湖北洪智—北京张强对局。

第 104 局　　春蚓秋蛇

着法(红先胜):

1. 马一进三　　将 5 进 1　　　　2. 马三退五!　　将 5 退 1

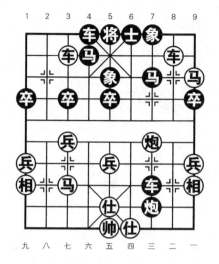

图 104

黑如改走将5进1,则车七退一杀,红胜。

3. 炮三进五　　士6进5　　4. 炮三退七

红得车胜定。

改编自 2013 年第 3 届"周庄杯"海峡两岸象棋大师赛福建陈泓盛—江苏徐超对局。

 第 105 局　耳闻目睹

着法(红先胜):

1. 车四进五　　将5退1　　2. 车四进一　　将5进1

3. 兵七平六!　将5平4　　4. 车四平六　　将4平5

5. 车六退三

红得车胜定。

改编自 2013 年第 5 届"句容茅山·余坤杯"全国象棋冠军邀请赛黑龙江陶汉明—湖北柳大华对局。

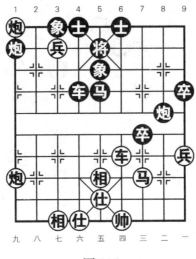

图 105

第106局　车单缺仕巧胜马双象

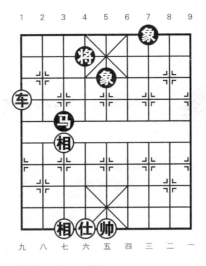

图 106

着法(红先胜)：

1. 车九平六　　将4平5

黑如改走马3退4,则帅五进一,象7进9,帅五平六,捉死马,红胜定。

2. 车六退一　　马3退2　　3. 车六进四　　象7进9

4. 车六退二

捉双,红胜定。

改编自 2013 年第 5 届"句容茅山·余坤杯"全国象棋冠军邀请赛上海胡荣华—浙江赵鑫鑫对局。

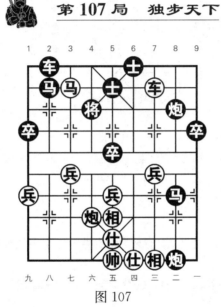

第 107 局　独步天下

图 107

着法(红先胜):

1. 马七退六　将 4 平 5　　　**2.** 车三退一　　士 5 进 6

3. 车三平四

连将杀,红胜。

改编自 2013 年第 5 届"句容茅山·余坤杯"全国象棋冠军邀请赛云南党国蕾—河北尤颖钦对局。

第 108 局　分兵把守

着法(红先胜):

1. 车二进五　将 6 进 1　　　**2.** 车六退二!　　象 7 退 5

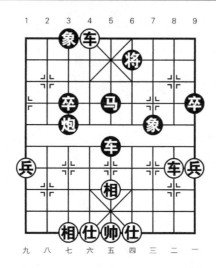

图 108

3. 车二退一　将6退1　　**4.** 车六进一　　　将6退1

5. 车二进二　象5退7　　**6.** 车二平三

连将杀,红胜。

改编自 2013 年重庆首届"学府杯"象棋赛四川李少庚—浙江孙昕昊对局。

 第109局　间关莺语

着法(红先胜):

1. 车五进四　车6进1

黑另有以下三种应着:

(1)车6进5,相五进七,黑方难应。

(2)车6平2,相五进七,车2进1,仕六退五,士4退5,车五平八,红得车胜定。

(3)马7进8,车五平六,将4平5,车六进二,将5进1,车六退一,将5退1,车六平四,红得车胜定。

2. 仕六退五　士4退5　　**3.** 车五进一

下一步有仕五进六的恶手,红胜定。

改编自 2013 年重庆首届"学府杯"象棋赛四川李少庚—澳门曹岩磊对局。

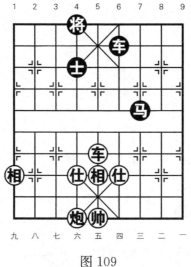

图 109

 第110局 马底兵单缺仕必胜双士

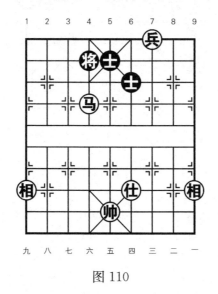

图 110

着法(红先胜):

1.兵三平四! 将4退1

黑如改走士5退6,则马六进四,将4退1,马四退三,士6进5,马三进五,士5进6,马五进七,将4进1,帅五进一,将4进1,马七退八,士6退5,马八进六,士5退6,马六进八,士6进5,马八进七,将4退1,马七退五,红胜定。

2. 相一进三	将4进1	**3.** 兵四平五	将4进1
4. 马六进八	士5退4	**5.** 兵五平六	士6退5
6. 兵六平五	士5进6	**7.** 帅五退一	士6退5
8. 马八进七	将4退1	**9.** 马七退五	

红胜定。

改编自2013年重庆首届"学府杯"象棋赛澳门曹岩磊—河南姚洪新对局。

 第111局　疾恶如仇

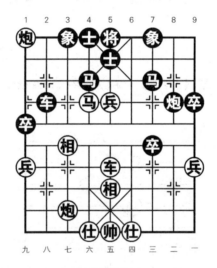

图 111

着法(红先胜):

1. 炮七进八	马4退3	**2.** 马六进七	将5平6
3. 车五平四	士5进6	**4.** 车四进四	

连将杀,红胜。

改编自2013年朔州朔城区第9届"财盛杯"象棋公开赛定襄牛志峰—太原董波对局。

第 112 局　　金蝉脱壳

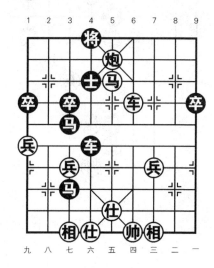

图 112

着法（红先胜）：

1. 炮五平二　　将 4 进 1

黑如改走将 4 平 5，则车四进三，将 5 进 1，马五进三，连将杀，红胜。

2. 马五进四　　将 4 平 5

黑如改走将 4 退 1，则炮二进一，连将杀，红胜。

3. 车四进二　　将 5 进 1　　　**4.** 车四平六

连将杀，红胜。

改编自 2007 年"鄞州杯"全国象棋大师冠军赛浙江励娴—云南冯晓曦对局。

 第 113 局　　近在眉睫

着法（红先胜）：

1. 车七平四　　士 5 进 6　　　**2.** 炮四进五　　士 4 进 5

3. 炮四平二　　士 5 进 6　　　**4.** 车四进三

绝杀，红胜。

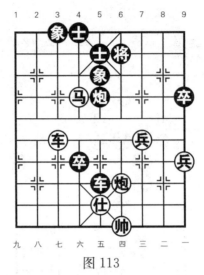

图 113

改编自 2013 年晋江市第 4 届"张瑞图杯"象棋个人公开赛香港黄学谦—福建杨剑萍对局。

 第 114 局　佳兵不祥

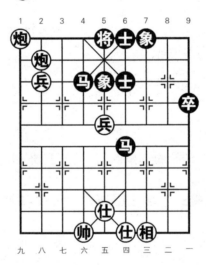

图 114

着法(红先胜)：

1. 兵八平七　　马 4 进 5　　　**2.** 兵七进一　　　马 5 退 4

黑如改走马5退3,则兵七进一,将5进1,炮九退一杀,红胜。

3. 炮八进一　　　将5进1　　　**4.** 炮九退一　　　　将5退1

5. 兵七平六

下一步炮九进一杀,红胜。

改编自2013年晋江市第4届"张瑞图杯"象棋个人公开赛北京王天——天津孟辰对局。

 第 115 局　　欢声雷动

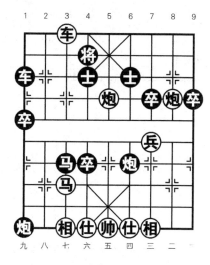

图 115

着法(红先胜):

1. 炮五平六　　　士4退5　　　**2.** 炮二进二　　　士5退6

3. 车七退一　　　将4退1

黑如改走将4进1,则炮二退一,士6退5,炮六平一,下一步炮一进一杀,红胜。

4. 炮二平六　　　车1平4　　　**5.** 车七进一

连将杀,红胜。

改编自2013年晋江市第4届"张瑞图杯"象棋个人公开赛河北苗利明—江西周平荣对局。

象棋精妙杀着系列

第116局　皓月中天

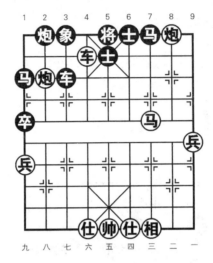

图 116

着法(红先胜)：

1. 车六平五　　将5平4　　**2.** 车五进一　　　将4进1

3. 马三进五　　车3平5　　**4.** 车五退二

红得车胜定。

改编自2013年晋江市第4届"张瑞图杯"象棋个人公开赛福建陈泓盛—广东曾少权对局。

第117局　精明强悍

着法(红先胜)：

1. 车一进四　　士5退6　　**2.** 马六进七　　　将5进1

3. 车一退一　　炮6退1　　**4.** 车一平四

连将杀，红胜。

改编自2013年重庆市九龙坡区魅力含谷"金阳地产杯"象棋公开赛四川郑惟桐—河南刘洪涛对局。

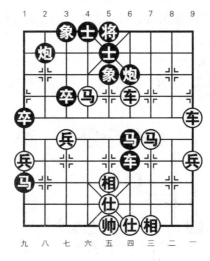

图 117

 第 **118** 局　　**急怒交进**

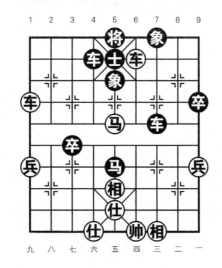

图 118

着法(红先胜)：

1. 车九进三　　车 4 退 1　　2. 马五进六！　　士 5 进 4

3. 车四进一　　将 5 进 1　　4. 车九平六

红胜定。

改编自2013年重庆市九龙坡区魅力含谷"金阳地产杯"象棋公开赛四川郑惟桐—河南王兴业对局。

第119局　疾言厉色

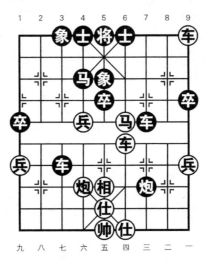

图119

着法(红先胜)：

1. 车一平四！　　将5进1

黑如改走将5平6,则马四进三,将6平5,车四进五,连将杀,红胜。

2. 马四进三！　将5平4　　3. 后车进四　　士4进5

4. 后车平五

连将杀,红胜。

改编自2013年首届"财神杯"全国电视象棋快棋邀请赛湖北汪洋—广东许银川对局。

第120局　锦上添花

着法(红先胜)：

1. 马七进五　　将4退1　　2. 马五退七　　将4进1

黑如改走卒9进1,车九进二,将4退1(黑如将4进1,则马七退五,将4平

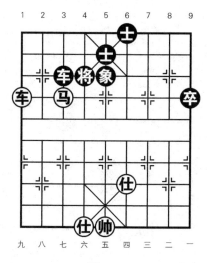

图 120

5,车九退二,车 3 进 2,车九平五,将 5 平 4,车五进二,车 3 平 5,车五退三,红得车胜定),车九进一,将 4 进 1,车九平七,捉死车,红胜定。

3. 马七退五　　将 4 退 1　　**4.** 车九平六　　士 5 进 4

5. 马五进四　　将 4 退 1　　**6.** 车六平九　　车 3 退 2

7. 车九进二　　士 6 进 5　　**8.** 车九平六

绝杀,红胜。

改编自 2013 年河南省民权县"文华杯"象棋公开赛孙逸阳—姚洪新对局。

 第 121 局　　百川归海

着法(红先胜):

1. 炮二进一　　将 5 进 1

黑如改走象 5 退 7,则马五进六,将 5 进 1,炮二退一,连将杀,红胜。

2. 马三进四!　　将 5 平 6　　**3.** 炮二退一

连将杀,红胜。

改编自 2013 年河南省民权县"文华杯"象棋公开赛孙逸阳—吴俊峰对局。

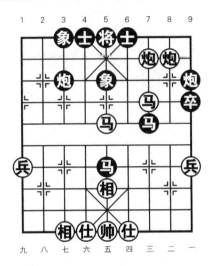

图 121

 第 **122** 局　不入沉沦

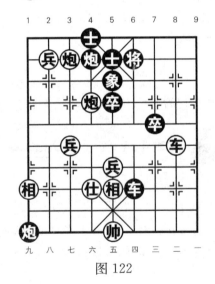

图 122

着法(红先胜):

1. 车二进四　　将 6 进 1　　2. 炮六进一!　　士 5 进 4

黑如改走象 5 进 3,则炮七退一,连将杀,红胜。

3. 车二退一

连将杀,红胜。

改编自 2013 年河南省民权县"文华杯"象棋公开赛赵殿宇—王世祥对局。

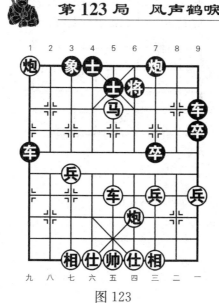

第 123 局　风声鹤唳

图 123

着法(红先胜):

1. 车五平四　　士 5 进 6　　**2.** 车四进四!　　将 6 平 5

3. 炮四平五　　车 1 平 5　　**4.** 车四平一

红得车胜定。

改编自 2012 年西安"西部京闽茶城杯"迎新春中国象棋公开赛京康公司一队党斐—内蒙古棋丰队李贵勇对局。

第 124 局　背道而驰

着法(红先胜):

1. 马五退六　　炮 1 平 4

黑如改走士 5 进 4,马七进八,将 4 退 1,马六进七,双将杀,红胜。

2. 马六退四　　炮 4 平 1

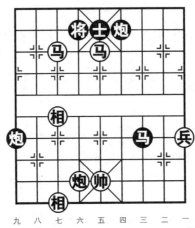

图 124

黑如改走士 5 进 4, 则马四退六, 红得子胜定。

3. 马四进五	将 4 进 1	**4.** 马五退六	炮 1 平 4
5. 马六进四	炮 4 平 3	**6.** 马七退六	炮 3 平 4

7. 马六进八

连将杀, 红胜。

改编自 2012 年越南全国象棋个人赛越南赖理兄—越南陈正心对局。

 第 125 局　汗牛充栋

着法(红先胜):

1. 马七进五! 　将 6 平 5

黑另有以下两种应着:

(1)士 4 退 5, 车九进二, 炮 3 退 7, 车九平七, 连将杀, 红胜。

(2)车 6 平 5, 车九进二, 将 6 进 1, 马五退三, 将 6 进 1, 车九平四, 车 5 平 6, 车四退一, 连将杀, 红胜。

2. 车九进二	将 5 进 1	**3.** 车九退一	将 5 进 1

4. 车九平四

红得车胜定。

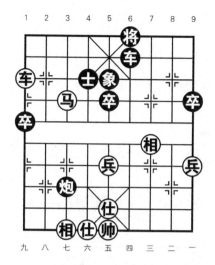

图 125

改编自 2012 年越南全国象棋个人赛越南武明——越南陈正心对局。

第 126 局　风生水起

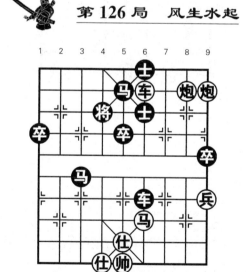

图 126

着法(红先胜)：

1. 炮二退一　　将 4 退 1　　**2.** 车四退一　　马 5 退 7

黑如改走马 5 进 6,则炮二进一,将 4 退 1,车四进二,连将杀,红胜。

3. 车四退四

红得车胜定。

改编自 2012 年"碧桂园杯"第 31 届省港澳埠际象棋赛澳门李锦欢—香港王浩昌对局。

 第 127 局　欢呼雀跃

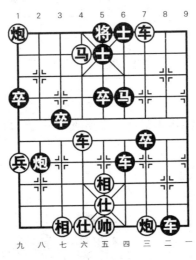

图 127

着法(红先胜)：

1. 马六进八　　士 5 退 4　　**2.** 马八退七　　士 4 进 5

3. 车六平五

连将杀，红胜。

改编自 2008 年香港中国象棋团体赛香港赵汝权—香港赖罗平对局。

 第 128 局　脚踏实地

着法(红先胜)：

1. 前车平六！　将 5 平 4　　**2.** 车八进六　　将 4 进 1

3. 炮五平六

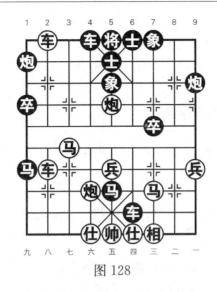

图 128

连将杀,红胜。

改编自 2008 年浙江省"温岭中学杯"象棋棋王赛浙江赵鑫鑫—武汉陈汉华对局。

第 129 局　韩信用兵

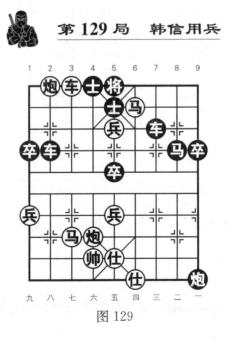

图 129

着法(红先胜)：

1. 前兵进一！　　将5进1　　2. 车七退一　　将5进1

3. 马四进六　　将5平4　　4. 马七进六　　车2平4

5. 车七平五

下一步前马退八杀,红胜。

改编自2008年广东体育频道电视快棋赛黑龙江赵国荣—黑龙江陶汉明对局。

第130局　　来龙去脉

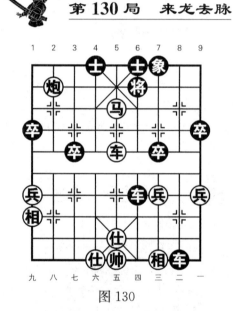

图130

着法(红先胜)：

1. 马五进六　　将6进1　　2. 炮八平四！　　……

解杀还杀,绝妙！

2. ……　　　　车8平7　　3. 仕五退四　　车7平6

4. 帅五进一

黑不成杀,红胜定。

改编自2007年"沧州棋院杯"第2届河北省象棋名人战河北棋院苗利明—石家庄宋海涛对局。

第 131 局 转轴拨弦

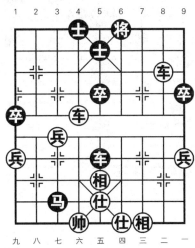

图 131

着法(红先胜)：

1. 车六平四　　将 6 平 5

黑如改走士 5 进 6,则车四进二,将 6 平 5,车四平五,士 4 进 5,车二进二,连将杀,红胜。

2. 车二进二　　士 5 退 6　　**3.** 车四进四　　　将 5 进 1

4. 车四平五　　将 5 平 6　　**5.** 车二平四

连将杀,红胜。

改编自 2013 年"新疆棋协杯"全国象棋团体赛浙江波尔轴承一队金海英—黑龙江刘丽梅对局。

 第 132 局 顺势而至

着法(红先胜)：

1. 车三进一　　将 4 进 1　　**2.** 兵四平五!　　将 4 平 5

3. 马一进二

连将杀,红胜。

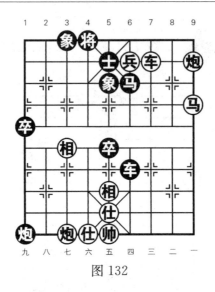

图132

改编自 2005 年"启新高尔夫杯"全国象棋甲级联赛沈阳金龙痰咳净卜凤波—黑龙江林海灵芝苗永鹏对局。

第133局　误入歧途

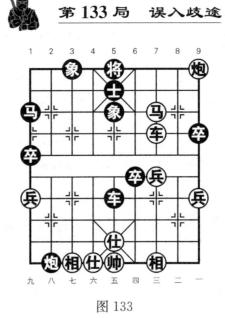

图133

着法(红先胜)：

1. 马三进二　　象5退7

黑如改走士5退6,则马二退一,士6进5,马一进三,将5平4,车三平六,士5进4,车六进一,连将杀,红胜。

2. 车三进三　　士5退6　　　3. 车三平四　　将5进1

4. 车四平五　　将5平4　　　5. 车五平六　　将4平5

6. 马二退三　　将5进1　　　7. 炮一退二

连将杀,红胜。

改编自2013年乌海市弘业国际"棋丰煤业杯"象棋邀请赛内蒙古伊泰蔚强—内蒙古乌海市杨青对局。

 第134局　　有眼无珠

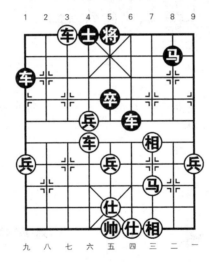

图134

着法(红先胜):

1. 兵六平五!　车6平8　　　2. 车七平六　　将5进1

3. 后车进四　将5进1　　　4. 前兵进一　　将5平6

5. 前兵平四　将6平5　　　6. 前车平五

绝杀,红胜。

改编自2012年第2届世界智力精英运动会美国贾丹—德国吴彩芳对局。

第 135 局　暗无天日

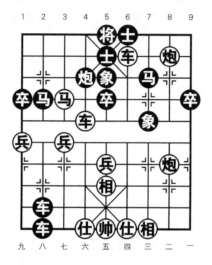

图 135

着法(红先胜):

1. 前炮平三　　象 7 退 9　　2. 炮二进五!　　士 5 进 6

3. 炮三进一　　士 6 进 5　　4. 炮三平一

下一步炮二进一杀,红胜。

改编自 2012 年第 2 届世界智力精英运动会越南阮黄林—英国陈发佐对局。

第 136 局　如箭离弦

着法(红先胜):

1. 车七进一　　将 4 进 1　　2. 马六进五　　将 4 平 5

3. 马五进七　　将 5 平 6　　4. 车七退一　　士 6 退 5

5. 马七退五　　将 6 进 1　　6. 车七退一　　士 5 进 4

7. 车七平六　　象 7 进 5　　8. 车六平五　　将 6 退 1

9. 车五进二　　将 6 进 1　　10. 车五平四

连将杀,红胜。

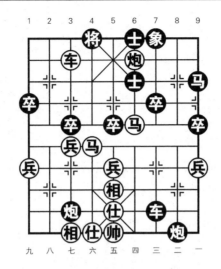

图 136

改编自 2012 年河南平顶山市"万瑞杯"象棋公开赛广东省黎德志—石家庄市赵殿宇对局。

第 137 局　波涛汹涌

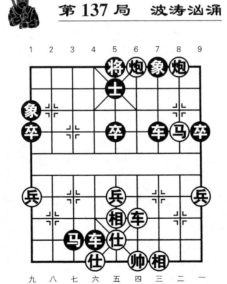

图 137

着法(红先胜)：

1. 炮四退一　　士 5 退 6　　**2.** 炮四平一　　车 7 平 8

3. 车四进七　　将5进1　　**4.** 炮二退一　　　将5进1

5. 车四退二

绝杀,红胜。

改编自 2012 年河南平顶山市"万瑞杯"象棋公开赛广东省黎德志—河南省棋牌院武俊强对局。

第138局　无事生非

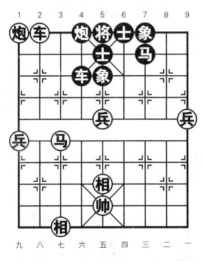

图 138

着法(红先胜):

1. 马七进八　　车4平3　　**2.** 车八退一　　　炮4进6

3. 马八进七　　将5平4

黑如改走炮4退5,则车八进一,士5退4,车八退二,叫将抽车,红胜定。

4. 车八进一　　将4进1　　**5.** 炮九退一　　　将4进1

6. 车八退三

下一步车八平六杀,红胜。

改编自 2012 年河南平顶山市"万瑞杯"象棋公开赛石家庄市赵殿宇—驻马店市姚洪新对局。

第139局 所剩无几

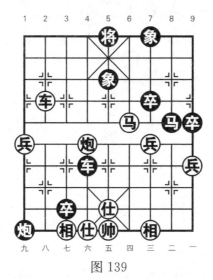

图139

着法(红先胜):

1. 车八进三　　将5进1　　2. 马四进六……

红也可改走车八平四,黑方难应。

2. ……　　　　将5平6　　3. 车八退四　　将6退1

黑如改走车4平6,则车八平二吃马,红得子得势胜定。

4. 车八平四　　将6平5　　5. 帅五平四　　马8退7

6. 马六进七　　将5进1　　7. 车四进三

绝杀,红胜。

改编自2012年"农信杯"湖南省第34届象棋锦标赛株洲棋协张申宏—湖南朱少钧对局。

第140局 一意孤行

着法(红先胜):

1. 车八进三　　将4进1　　2. 兵七进一　　　将4进1

3. 车八退二

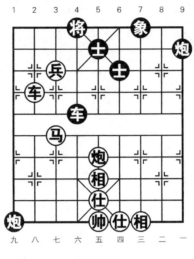

图 140

连将杀,红胜。

改编自 2012 年河南平顶山市"万瑞杯"象棋公开赛河北省苗利明—平顶山市武优对局。

第 141 局　添枝加叶

着法(红先胜):

1. 马二进三　　将 5 平 6　　2. 车八平四!　　炮 6 进 3

黑如改走将 6 进 1,则炮六进六,士 5 进 4,前车进四,将 6 平 5,前车进一,将 5 退 1,前车进一,将 5 进 1,后车进八杀,红胜。

3. 前车进一　　车 8 平 6　　4. 车四进四　　炮 7 平 6

5. 相五进三　　车 3 退 2　　6. 炮六平四　　将 6 进 1

7. 马三退二

伏杀,红可再得一炮胜定。

改编自 2012 年"农信杯"湖南省第 34 届象棋锦标赛株洲棋协张申宏—株洲华东余灿新对局。

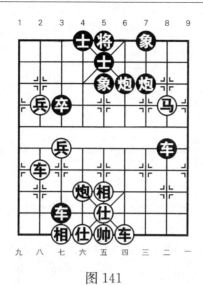

图 141

第 142 局　满盘皆输

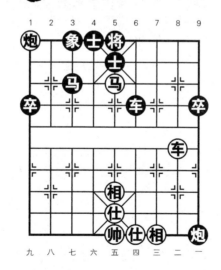

图 142

着法(红先胜):

1. 车二进五	士 5 退 6	2. 马五进七	将 5 进 1
3. 车二退一	车 6 退 2	4. 炮九平八	马 3 进 5
5. 炮八退一	马 5 退 4	6. 马七退六	将 5 退 1

7. 车二平四

红得车胜定。

改编自 2012 年国弈大典之决战名山象棋系列赛浙江于幼华—浙江赵鑫鑫对局。

 第 143 局　　所托非人

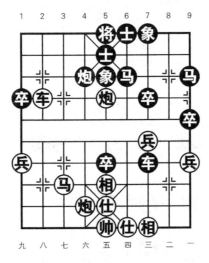

图 143

着法（红先胜）：

1. 车八进三	炮 4 退 2	2. 马七进六	卒 5 平 4
3. 马六进七	卒 4 平 3	4. 马七进九	车 7 平 4
5. 马九进七	车 4 退 5	6. 车八平六！	

绝杀，红胜。

改编自 2012 年"陈罗平杯"第 17 届亚洲象棋锦标赛中国王跃飞—中国香港陈振杰对局。

第 144 局 茫然失措

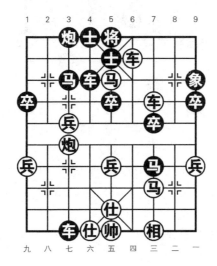

图 144

着法(红先胜):

1. 车三平二	象 9 退 7	**2.** 车二进三	士 5 退 6
3. 车四进一	将 5 进 1	**4.** 车二退一	将 5 进 1
5. 车四退一	士 4 进 5	**6.** 车二退一	士 5 进 6
7. 车二平四			

绝杀,红胜。

改编自 2012 年"陈罗平杯"第 17 届亚洲象棋锦标赛中国唐丹—越南吴兰香
对局。

第 145 局 一着不慎

着法(红先胜):

1. 马五进六	炮 1 平 4	**2.** 马六进四	将 4 平 5
3. 马四退五			

叫将抽车,红胜定。

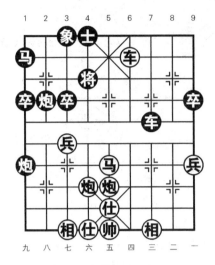

图 145

改编自 2012 年"陈罗平杯"第 17 届亚洲象棋锦标赛中国台北李孟儒—汶莱
詹惠敏对局。

 第 146 局　独占鳌头

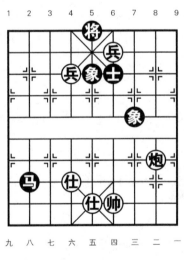

图 146

着法(红先胜)：

1. 炮二平五　　象 5 退 3

黑如改走将5平4,则炮五进一,马2退3,兵四进一! 士6退5,炮五平六,马3退4,兵六进一杀,红胜。

2. 兵六进一　　马2退3　　3. 兵四平五　　将5平6

4. 兵六进一!　马3进5　　5. 帅四退一　　马5退6

6. 兵六平五

绝杀,红胜。

改编自2012年义乌"凌鹰·华瑞杯"象棋年度总决赛湖南张申宏—广东陈富杰对局。

第147局　云重月暗

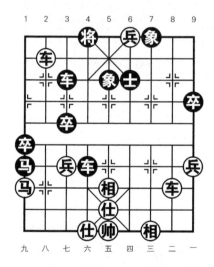

图 147

着法(红先胜):

1. 车二进六　　象5退3

黑如改走马1进3,则车二平六! 车4退5,车八进一,车3退2,车八平七杀,红胜。

2. 车二平五!　士6退5　　3. 车八平五

下一步兵四平五杀,红胜。

改编自2012年"磐安伟业杯"全国象棋个人赛内蒙古自治区蔚强—北京威

凯建设象棋队张强对局。

 第 148 局　水天一色

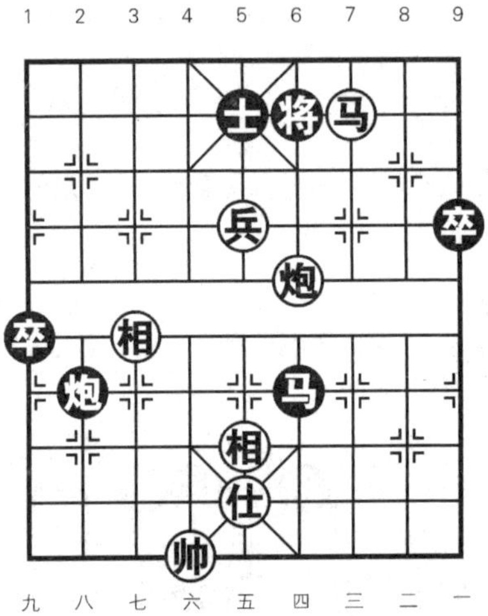

图 148

着法(红先胜)：

1. 马三退四　　士 5 进 6　　　2. 兵五进一　　　将 6 退 1

3. 马四进六　　士 6 退 5　　　4. 兵五平四

绝杀，红胜。

改编自 2012 年"磐安伟业杯"全国象棋个人赛湖北三环象棋队左文静—广东碧桂园象棋队时凤兰对局。

第 149 局　受用不尽

着法(红先胜)：

1. 仕五进六　　将 4 平 5　　　2. 炮六平一　　　将 5 平 4

3. 兵七进一　　将 4 退 1　　　4. 炮一平六　　　炮 5 平 4

5. 炮六进二

红得炮胜定。

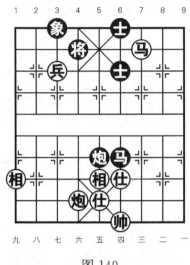

图 149

改编自 2012 年"磐安伟业杯"全国象棋个人赛煤矿开滦象棋队孙博—浙江徐崇峰对局。

第 150 局　音信全无

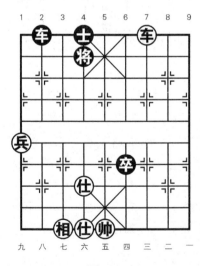

图 150

着法(红先胜)：

1. 车三退一！　将 4 进 1　　2. 车三退二　　卒 6 平 5

3. 车三平六　　将 4 平 5　　**4.** 车六平五　　将 5 平 4

5. 车五退三

下一步车五平六杀，红胜。

改编自 2014 年第 6 届"杨官璘杯"全国象棋公开赛湖北左文静—河北玉思源对局。

 第 151 局　　车低兵仕相全必胜车象

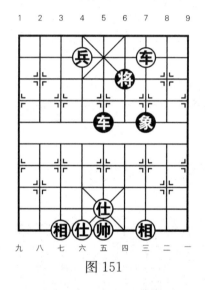

图 151

着法(红先胜)：

1. 车三退二　　车 5 平 6

黑如改走车 5 平 4，则车三平四，将 6 平 5，车四平五，将 5 平 4，兵六平七，车 4 进 1，仕五进六，车 4 进 2，车五进三，下一步车五平六杀，红胜。

2. 车三平五　　将 6 退 1　　**3.** 仕五进四　　车 6 进 3

4. 车五进二　　将 6 进 1　　**5.** 车五进一　　将 6 退 1

6. 兵六平五　　将 6 进 1　　**7.** 车五平四

绝杀，红胜。

改编自 2014 年苏湖杯·决战名山全国象棋冠军挑战赛广东许银川—厦门苗利明对局。

第 152 局　突如其来

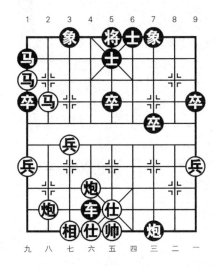

图 152

着法(红先胜)：

1. 马八进六！　士 5 进 4　　2. 马九进七　　　将 5 进 1

3. 炮八进七

连将杀,红胜。

改编自 2005 年全国象棋等级赛江苏朱晓虎—上海宇兵对局。

第 153 局　惊奇诡异

着法(红先胜)：

1. 炮八平五！　车 7 平 5

黑如改走象 5 退 3,则车八进八,将 5 进 1,马四进二捉车叫杀,红胜定。

2. 车八进八　　炮 4 退 1　　3. 车四平二　　　将 5 平 6

4. 车八平六　　士 6 进 5　　5. 车二平四

伏杀,红胜。

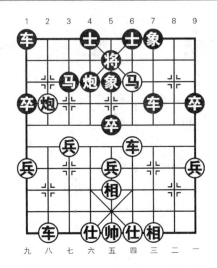

图 153

改编自 2012 年上海市"棋王杯"象棋超霸赛上海赵玮—天津张彬对局。

第 154 局　倾家荡产

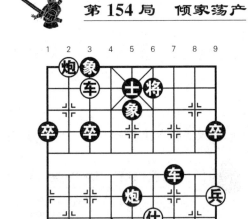

图 154

着法(红先胜)：

1. 车二进八　　将6进1　　2. 炮八退二　　象5进3

3. 车七退一　　象3进5　　4. 车七退一　　象5退3

5. 车七平四　　将6平5　　6. 车二退一　　士5进6

7. 车四平五　　将5平4　　8. 车二平四　　将4退1

9. 车四进一　　将4进1　　10. 车五平七

伏杀,红胜定。

改编自2012年广西柳州"国安·丰尊杯"象棋公开赛广东蔡佑广—柳州覃辉对局。

第155局　势不两立

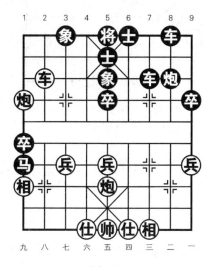

图155

着法(红先胜):

1. 炮五进四　　将5平4　　2. 车八进一!　　象5进7

3. 炮九进三　　象3进5　　4. 炮五平七

下一步炮七进三杀,红胜。

改编自2012年"长运杯"第4届苏浙皖城市象棋赛泰州刘子健—安庆倪敏对局。

第156局　一脉相承

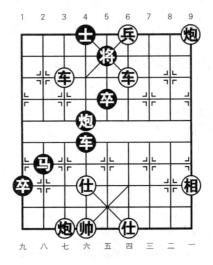

图156

着法(红先胜):

1. 车七平五　　将5平4　　2. 车四进一　　士4进5

3. 车四平五

连将杀,红胜。

改编自2005年"甘肃移动通信杯"全国象棋团体赛杭州园文局金海英—河北金环钢构尤颖钦对局。

第157局　晕头转向

着法(红先胜):

1. 马五退六　　士4退5

黑如改走炮6退1,则马六进四,将4退1,炮一进一,炮6进1,车二进三,炮6退1,车二平四杀,红胜。

2. 马六进四　　将4退1　　3. 炮一平五　　车3退1

4. 帅五退一　　炮1平6　　5. 车二进三　　后炮退1

6. 炮五平四!　前炮退6　　7. 车二平四

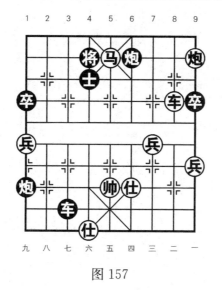

图 157

绝杀,红胜。

改编自 2012 年广西柳州"国安·丰尊杯"象棋公开赛广东黎德志—柳州黄仕清对局。

 第 158 局 凄风冷雨

着法(红先胜):

1. 车七进一   将 4 进 1   2. 炮四进七!   士 5 进 4

黑如改走士 5 进 6,则车七平六杀,红速胜。

3. 兵六进一!   将 4 平 5

黑如改走将 4 进 1,则炮八平六,炮 4 平 2,车七平六,连将杀,红胜。

4. 车七退一   将 5 退 1   5. 炮四退三   将 5 平 4

6. 车七进一

连将杀,红胜。

改编自 2012 年广西柳州"国安·丰尊杯"象棋公开赛广东陈富杰—辽宁苗永鹏对局。

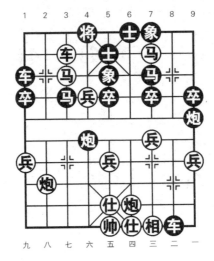

图 158

 第 **159** 局　赤心报国

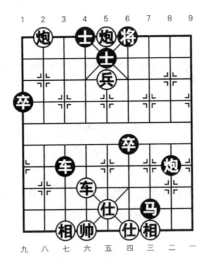

图 159

着法(红先胜)：

1. 车六进四　　炮 8 平 6　　　2. 兵五进一　　车 3 退 5

3. 车六进三　　车 3 平 5　　　4. 车六退五!　　将 6 平 5

5. 车六进五

绝杀,红胜。

改编自2012年第5届"杨官璘杯"全国象棋公开赛中国澳门李锦欢—法国胡伟长对局。

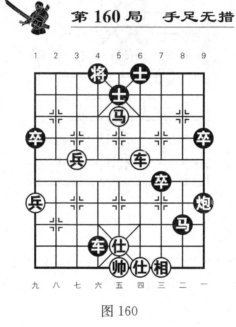

图 160

着法(红先胜):

1. 车四进四！　　将4进1　　　2. 马五退七　　　将4进1

3. 车四平七　　　炮9平5　　　4. 仕五进六　　　炮5退4

黑如改走炮5平3,则车七退二,将4退1,车七进一,将4进1,车七平六杀,红胜。

5. 马七进八　　　将4退1　　　6. 车七退一　　　将4退1

7. 车七平五

绝杀,红胜。

改编自2012年第5届"杨官璘杯"全国象棋公开赛越南阮黄林—新加坡黄俊铭对局。

第 161 局　以暴易暴

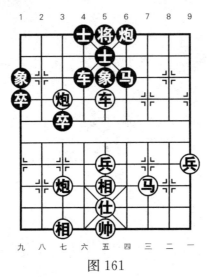

图 161

着法(红先胜)：

1. 车五进一！	象 1 退 3	2. 前炮平八	象 3 进 5
3. 炮八进三	象 5 退 3	4. 炮七进七	

绝杀，红胜。

改编自 2012 年第 5 届"杨官璘杯"全国象棋公开赛中国香港吴震熙—越南阮明日光对局。

第 162 局　百脉贲张

着法(红先胜)：

1. 车三进五	将 6 进 1	2. 炮七进五	士 5 进 4
3. 车三退一	将 6 进 1	4. 车三退一	将 6 退 1
5. 马五进六	将 6 平 5	6. 车三平五	将 5 平 4
7. 车五平六	将 4 平 5	8. 车六平五	

连将杀，红胜。

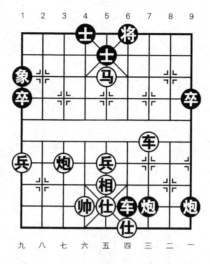

图 162

改编自 2012 年江苏省东台市首届"群文杯"象棋公开赛广东黎德志—盐城袁涛对局。

第 163 局　天造地设

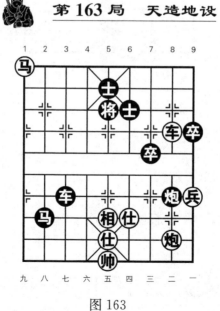

图 163

着法（红先胜）：

1. 车二平五　　将5平4　　2. 车五平六　　将4平5

3. 马九退七！ 车3退5 **4. 帅五平六**

下一步车六平五杀，红胜定。

改编自 2012 年"伊泰杯"全国象棋甲级联赛广东碧桂园张学潮—河南启福李晓晖对局。

第 164 局　眼前吃亏

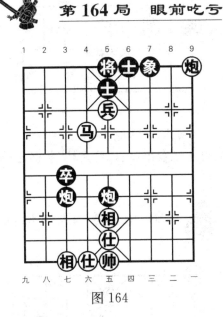

图 164

着法(红先胜)：

1. 兵五进一　将 5 平 4　　**2. 马六进四**　　炮 5 退 4

3. 炮一平四

下一步马四进五杀，红胜。

改编自 2012 年第 5 届"杨官璘杯"全国象棋公开赛上海赵玮—广西唐中平对局。

第 165 局　跌跌撞撞

着法(红先胜)：

1. 马三进四　将 5 进 1　　**2. 前马退六**　　将 5 平 4

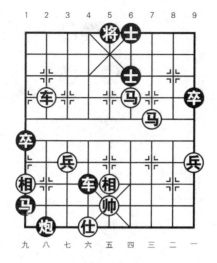

图 165

3. 车八进二　　将 4 退 1　　**4.** 车八进一　　　将 4 进 1

5. 马六进八

连将杀,红胜。

改编自 2012 年重庆第 2 届"沙外杯"象棋赛四川李少庚—广东黎德志对局。

 第 166 局　　改邪归正

着法(红先胜):

1. 马五进四!　将 5 平 4

黑如改走炮 4 平 6,则炮三进六杀,红胜。

2. 炮三进六!　象 5 退 7

黑如改走将 4 进 1,则车七进三杀,红胜。

3. 马四退六

红得车胜定。

改编自 2012 年首届"武工杯"大武汉职工象棋邀请赛山东队卜凤波—河北队陆伟韬对局。

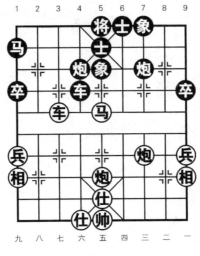

图 166

 第 167 局　　神不守舍

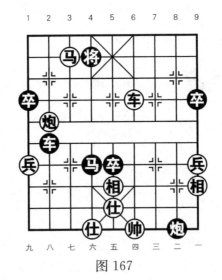

图 167

着法(红先胜)：

1.炮八进三！　车2退4　　2.车四进二　　　将4退1

3.马七退五　　将4平5　　4.车四平八

红得车胜定。

改编自 2012 年首届"武工杯"大武汉职工象棋邀请赛湖北队洪智—广东队许国义对局。

第 168 局　　长恨绵绵

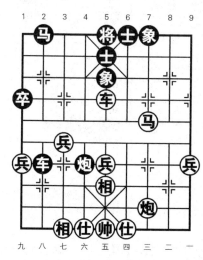

图 168

着法(红先胜)：

1. 炮三进八！　象 5 退 7　　2. 马三进四　　　将 5 平 4

3. 车五平六　　马 2 进 4　　4. 车六进二

改编自 2015 年辽宁省阜新市"兴隆大家庭"杯象棋公开赛沈阳金松—哈尔滨赵泽宇实战对局。

第 169 局　　险象丛生

着法(红先胜)：

1. 车七进八　　炮 5 平 4　　2. 车二平四　　　炮 4 退 2

3. 炮六进七　　将 5 平 4　　4. 车七平五　　　车 5 退 3

5. 车四进一　　车 5 退 1　　6. 车四平五　　　将 4 进 1

7. 车五平六　　将 4 平 5　　8. 车六退五

红得子得势胜定。

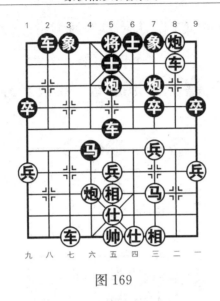

图 169

改编自 2012 年重庆第 2 届"沙外杯"象棋赛河南姚洪新—重庆廖帮均对局。

第170局　添酒回灯

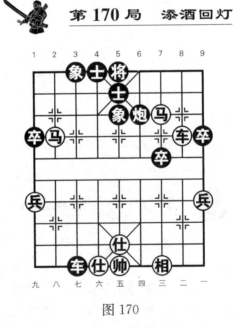

图 170

着法(红先胜)：

1. 车二进三　　象5退7

黑另有以下两种应着:

(1)炮6退2,马八进六,士5进4,车二平四,连将杀,红胜。

(2)士5退6,马八进六,炮6平4,车二平四,连将杀,红胜。

2. 车二平三	士5退6	3. 车三平四	将5进1
4. 车四退二	车3平2	5. 车四退一	将5进1
6. 马八进七	将5平4	7. 车四平六	

绝杀,红胜。

改编自2012年"伊泰杯"全国象棋甲级联赛湖北三环柳大华—广东碧桂园庄玉庭对局。

 第171局 又急又怒

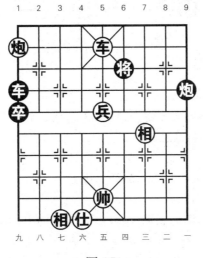

图171

着法(红先胜):

| 1. 兵五进一 | 炮9退1 | 2. 炮九退一! | 车1平5 |
| 3. 车五退二 | | | |

红得车胜定。

改编自2012年"伊泰杯"全国象棋甲级联赛山东中国重汽张申宏—浙江波尔轴承于幼华对局。

第172局　稍纵即逝

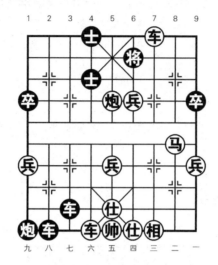

图 172

着法(红先胜)：

1. 兵四进一！　将6进1

黑如改走将6平5,则车三退一,将5退1,兵四平五,将5平6,车三进一,将6进1,马二进三,连将杀,红胜。

2. 车三平四　　将6平5　　3. 马二进三　　将5退1

4. 车四退一　　将5退1　　5. 马三进五　　士4进5

6. 马五进三　　士5退4

黑如改走将5平4,则炮五平六,将4平5,车四退二,连将杀,红胜。

7. 车四退一！　将5进1　　8. 马三退五　　将5平4

9. 车四进一　　士4进5　　10. 炮五平六

连将杀,红胜。

改编自2012年"交通杯"中国淮南象棋公开赛淮南交通局姚洪新—南京言缵昭对局。

第173局　寻声暗问

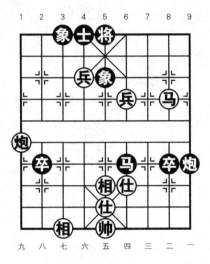

图173

着法(红先胜)：

1. 马二进三　　将5进1　　　2. 炮九平一　　　将5平6

3. 炮一进四　　将6退1　　　4. 兵四进一　　　士4进5

5. 兵四进一　　将6平5　　　6. 兵四平五　　　将5平6

7. 兵五进一

绝杀，红胜。

改编自2012年"交通杯"中国淮南象棋公开赛呼和浩特宿少峰—武汉刘宗泽对局。

第174局　一举两得

着法(红先胜)：

第一种攻法：

1. 车四退一　　将5平4　　　2. 车四平六

连将杀，红胜。

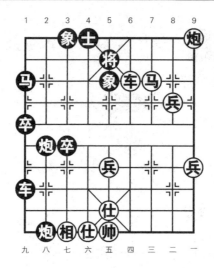

图 174

第二种攻法：

1. 车四平五！　将 5 进 1　　　**2.** 炮一退二

连将杀，红胜。

改编自 2012 年"伊泰杯"全国象棋甲级联赛上海金外滩陈泓盛—广西跨世纪潘振波对局。

 第 175 局　移船相近

着法（红先胜）：

1. 车五平四！　车 6 进 3　　　**2.** 仕五进四　　　炮 6 退 1

3. 炮二平三！　卒 9 平 8　　　**4.** 帅五进一

捉死炮，红胜定。

改编自 2012 年"伊泰杯"全国象棋甲级联赛上海金外滩谢靖—广西跨世纪黄仕清对局。

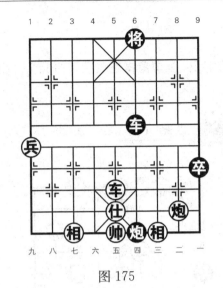

图 175

第176局　斩草除根

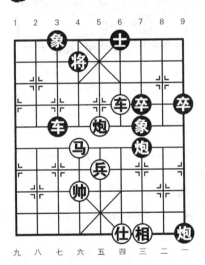

图 176

着法(红先胜):

1. 车四平六　　将4平5　　2. 马六进五　　车3平5

黑如改走象7退5,则马五进三,将5平6,车六平四,连将杀,红胜。

3. 马五进三　　将5退1　　4. 车六进三

连将杀，红胜。

改编自 2012 年"伊泰杯"全国象棋甲级联赛河北金环钢构陈翀—北京威凯建设蒋川对局。

 第 177 局　　投桃报李

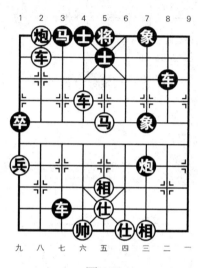

图 177

着法（红先胜）：

1. 车六进二　　车 8 平 5

黑如改走车 8 退 1，则马五进四，车 8 平 6，车六平五，将 5 平 6，车五平四，将 6 平 5，车八平五杀，红胜。

2. 马五进四！　将 5 平 6

黑如改走车 5 平 6，则车六平五，将 5 平 6，车八平六，下一步车六进一杀，红胜。

3. 车六平五　　车 5 退 1　　4. 车八平五　　象 7 退 5

5. 炮八平六

下一步马四进五杀，红胜。

改编自 2012 年"伊泰杯"全国象棋甲级联赛浙江波尔轴承于幼华—黑龙江农村信用社郝继超对局。

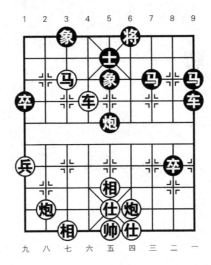

第 178 局　天涯沦落

图 178

着法(红先胜)：

1. 炮八进八　　象 3 进 1

黑如改走士 5 退 4,则车六进三,将 6 进 1,车六退五,下一步车六平四杀,红胜。

2. 马七进六　　象 1 退 3　　　3. 马六退四!　　　将 6 进 1

4. 车六平四　　士 5 进 6　　　5. 车四平一

红得车胜定。

改编自 2012 年第 4 届"句容·茅山杯"全国象棋冠军邀请赛北京唐丹—云南党国蕾对局。

第 179 局　　铁骑突出

着法(红先胜)：

1. 炮二进三　　将 5 进 1　　　2. 炮二退一　　　将 5 退 1

3. 兵三进一　　将 5 进 1　　　4. 马三进四!　　　将 5 进 1

5. 炮一退二　　士 6 退 5　　　6. 炮二退一

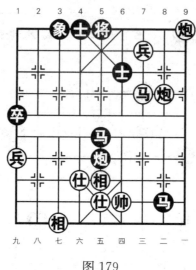

图 179

连将杀,红胜。

改编自 2012 年"伊泰杯"全国象棋甲级联赛河南启福武俊强—广东碧桂园庄玉庭对局。

 第 180 局 雨后春笋

着法(红先胜):

1. 车二平三	将6进1	2. 炮五平四	炮6平8
3. 马五退三	炮8平7	4. 车三退二	士5进4
5. 车三进一	将6进1	6. 马三退五	将6平5
7. 炮四平五			

绝杀,红胜。

改编自 2012 年重庆长寿首届"健康杯"象棋公开赛山东李翰林—安徽倪敏对局。

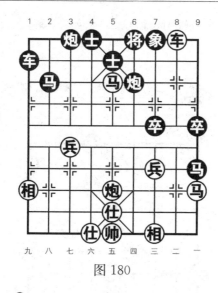

图 180

 第 181 局   如火如荼

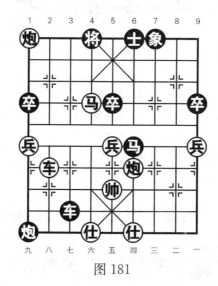

图 181

着法(红先胜):

1. 马六进八   车 3 退 6   **2.** 马八进七   将 4 进 1

3. 车八平六   车 3 平 4   **4.** 车六进四

绝杀,红胜。

改编自 2012 年广东象棋精英俱乐部"精英杯"象棋公开赛广东陈幸琳—广东刘立山对局。

第 182 局　　桃红柳绿

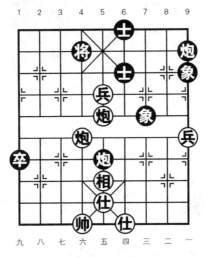

图 182

着法(红先胜)：

1. 兵五平六　　将 4 平 5　　　2. 炮六平五　　　将 5 平 6

黑如改走将 5 平 4,则兵六进一,将 4 退 1,兵六进一,连将杀,红胜。

3. 前炮平四　　将 6 平 5　　　4. 兵六平五　　　象 7 退 5

5. 兵五进一！　将 5 进 1　　　6. 炮四平五

连将杀,红胜。

改编自 2012 年澳门曹岩磊—广州黎德志四番棋决赛。

第 183 局　　顺藤摸瓜

着法(红先胜)：

1. 兵七平六！　车 5 平 4　　　2. 车三进一　　　将 5 进 1

3. 车三平六　　车 4 进 1

黑如改走将 5 进 1,则车六平五杀,红胜。

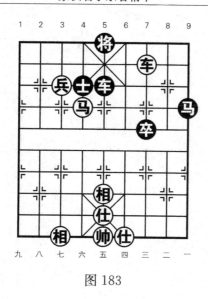

图 183

4. 车六退三

红得车胜定。

改编自 2012 年"伊泰杯"全国象棋甲级联赛湖北三环洪智—四川双流黄龙溪郑一泓对局。

 第 184 局　　叶落归根

着法(红先胜):

1. 车八进七　　象 5 退 3　　　**2.** 车八平七　　　士 5 退 4

3. 马四进六　　将 5 进 1　　　**4.** 车七退一

连将杀,红胜。

改编自 2012 年江苏仪征市芍药棋缘"佳禾杯"象棋公开赛江苏宿迁许波—安徽省杨正保对局。

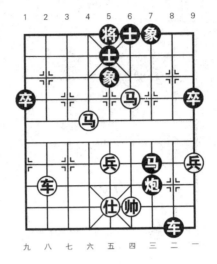

图 184

 第 185 局　三顾茅庐

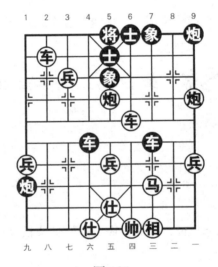

图 185

着法（红先胜）：

1. 车四进四！ 炮9平6　　　2. 车八平五　　将5平4

3. 车五进一　将4进1　　　4. 兵七进一　　将4进1

5. 车五平六

连将杀,红胜。

改编自 2012 年浙江省"忆慈杯"象棋公开赛内蒙古宿少峰—义乌华瑞孙昕昊对局。

第186局 繁花似锦

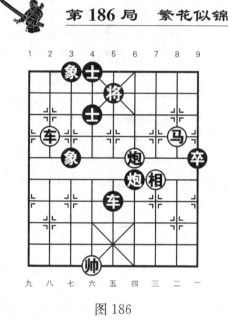

图 186

着法(红先胜):

1. 车八进二　　　将 5 退 1

黑如改走将 5 进 1,则马二进三,将 5 平 6,车八平四!将 6 平 5,车四平六,将 5 平 6,马三退四,将 6 平 5,车六退一,连将杀,红胜。

2. 马二进三　　　将 5 平 6　　　3. 马三退四　　　将 6 平 5

4. 马四进六　　　将 5 平 6　　　5. 车八平四

连将杀,红胜。

改编自 2012 年重庆第 4 届"茨竹杯"象棋公开赛四川曾军—四川刘俊对局。

第 187 局　叶落知秋

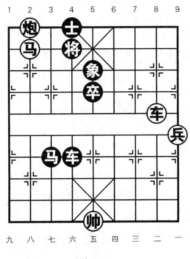

图 187

着法(红先胜)：

1. 车二进三　　士 4 进 5　　　2. 马八退七　　　将 4 进 1

3. 车二平五

红下一步伏有车五平六、马七进八等多种杀法，而黑无连将杀，红胜。

改编自 2012 年"蔡伦竹海杯"象棋精英邀请赛湖南谢业枧—广东庄玉庭对局。

第 188 局　昙花一现

着法(红先胜)：

1. 前车进一　　车 2 平 3　　　2. 车七进三　　　士 6 进 5

3. 马八进六！　将 5 平 6　　　4. 兵六平五！　　象 5 退 3

5. 兵五平四

绝杀，红胜。

改编自 2012 年"盱眙龙虾杯"江苏省第 5 届象棋棋王赛泰州刘子健—镇江

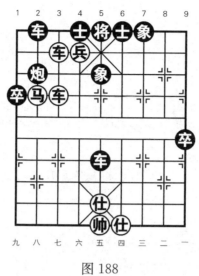

图 188

吴文虎对局。

第 189 局　节外生枝

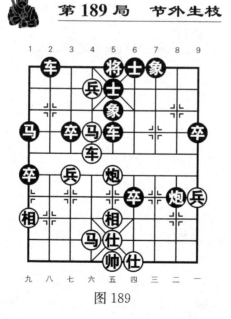

图 189

着法(红先胜)：

1. 兵六平五！　士 6 进 5 　　**2.** 马六进七　　将 5 平 6

3. 车六平四　　士 5 进 6 　　**4.** 车四进二

连将杀,红胜。

改编自 2012 年"美丽乡村杯"浙江省象棋棋王赛省棋队陈青婷—嘉兴市朱龙奎对局。

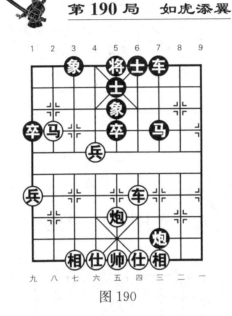

第 190 局　如虎添翼

图 190

着法(红先胜):

1. 马八进七	将5平4	2. 炮五平六	士5进4
3. 兵六平七	士4退5	4. 车四平六	士5进4
5. 车六进四			

连将杀,红胜。

改编自 2012 年晋江市第 3 届"张瑞图杯"象棋个人公开赛福建周小明—江西姜晓对局。

第 191 局　泥牛入海

着法(红先胜):

1. 炮三进八!	象5退7	2. 车三平五	士4进5

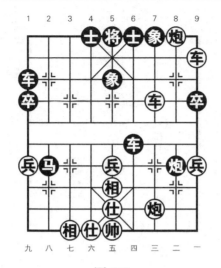

图 191

3. 车一平五　　将5平4　　**4.** 后车平六　　　车1平4

5. 车六进一

连将杀，红胜。

改编自 2012 年晋江市第 3 届"张瑞图杯"象棋个人公开赛山西周小平—广东谢艺对局。

 第 192 局　龙争虎斗

着法（红先胜）：

1. 车六进三！　士5退4　　　**2.** 马七进六　　　将5进1

3. 车五平八　　象5退7　　　**4.** 马六退四　　　将5退1

5. 车八平五　　士4进5　　　**6.** 车五进二　　　将5平6

7. 炮五平四

连将杀，红胜。

改编自 2014 年第 6 届"杨官璘杯"全国象棋公开赛上海谢靖—黑龙江聂铁文对局。

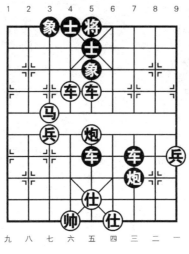

图 192

 第 193 局　　与虎谋皮

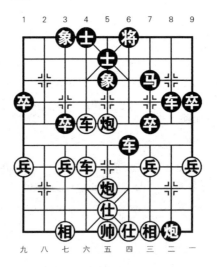

图 193

着法（红先胜）：

1. 后炮平四　　车 6 平 5　　2. 前车进四！　　将 6 进 1

3. 后车平四　　士 5 进 6　　4. 车六退一　　将 6 退 1

5. 车四进四

连将杀,红胜。

改编自 2012 年重庆棋友会所"贺岁杯"象棋公开赛重庆张若愚—四川郑惟桐对局。

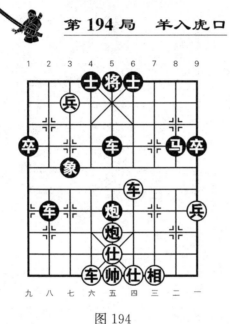

第194局 羊入虎口

图 194

着法(红先胜):

1. 车六进九!　　将 5 进 1

黑如改走将 5 平 4,则车四进五,车 5 退 3,车四平五,连将杀,红胜。

2. 兵七平六　　将 5 进 1　　3. 车六平五　　将 5 平 4

4. 车四平六　　车 5 平 4　　5. 车六进二

连将杀,红胜。

改编自 2011 年第 12 届世界象棋锦标赛加拿大顾亿庆—日本松野阳一郎对局。

第195局　雁过拔毛

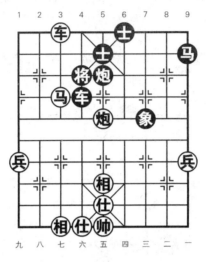

图 195

着法(红先胜)：

1. 马七进八　　将 4 退 1　　　2. 车七退一　　　将 4 退 1

3. 车七平五

连将杀,红胜。

改编自 2011 年第 12 届世界象棋锦标赛马来西亚陆建初—德国纳格勒
对局。

第196局　螳臂挡车

着法(红先胜)：

1. 马四进三　　车 6 退 5　　　2. 车二平三　　　士 5 退 6

3. 车三平四！　将 5 进 1　　　4. 车四退一！　　将 5 退 1

5. 车四平六　　将 5 平 6　　　6. 车九平四

连将杀,红胜。

改编自 2011 年第 12 届世界象棋锦标赛缅甸蒋庆民—俄罗斯鲁缅采夫

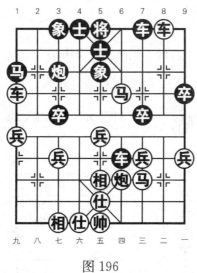

图 196

对局。

 第 197 局　龙骧虎步

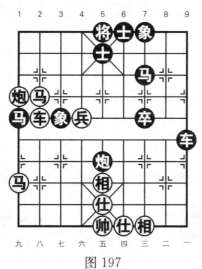

图 197

着法（红先胜）：

1. 马八进七　　将 5 平 4　　2. 车八进四　　　将 4 进 1

3. 炮九进二　　将 4 进 1　　4. 兵六进一

连将杀,红胜。

改编自 2011 年第 12 届世界象棋锦标赛中国台北刘国华—澳大利亚潘海锋
对局。

第 198 局　鱼跃鸟飞

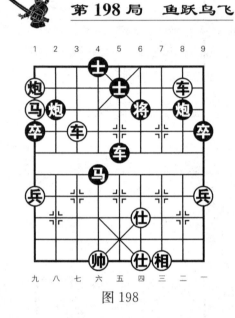

图 198

着法(红先胜):

1. 车二退一!　炮 2 平 8　　　2. 车七平四　　　将 6 平 5

3. 马九进七　　将 5 平 4　　　4. 车四平六

连将杀,红胜。

改编自 2000 年全国象棋个人赛机电李鹏—湖南肖革联实战对局。

第 199 局　食不果腹

着法(红先胜):

1. 车三进三!　车 6 平 7　　　2. 马二进四　　　将 5 平 6

3. 炮五平四

绝杀,红胜。

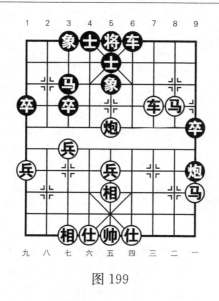

图 199

改编自 2011 年党斐盲棋 1 对 21 世界纪录挑战赛湖北党斐—湖北省大学生王连富对局。

第 200 局　唾手可得

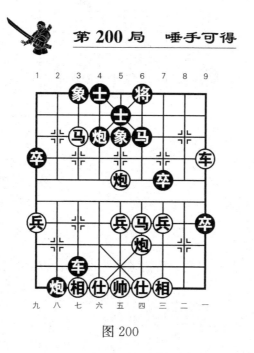

图 200

着法(红先胜):

| 1.车一进三 | 象5退7 | 2.车一平三 | 将6进1 |
| 3.炮五平四 | 马6进4 | 4.马四进三 | |

连将杀,红胜。

改编自2011年国庆节"通达杯"阳江市象棋快棋名手赛阳西邓家荣—阳春黎铎对局。

 第 **201** 局　　摩拳擦掌

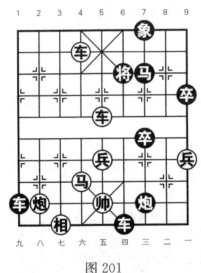

图 201

着法(红先胜):

| 1.车五进三 | 马7进6 | 2.车六进一 | 马6退7 |
| 3.车六退二 | 象7进5 | 4.车六平五 | |

绝杀,红胜。

改编自2011年重庆棋友会所庆国庆象棋公开赛四川何文哲—四川张华明对局。

第 202 局　马放南山

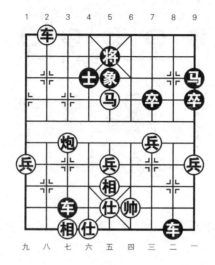

图 202

着法(红先胜)：

1. 马五进三	将 5 平 4	2. 马三进四	将 4 平 5
3. 炮七平五	象 5 退 3	4. 车八退一	将 5 退 1
5. 马四退五	士 4 退 5	6. 车八平五	将 5 平 4
7. 车五进一	将 4 进 1	8. 车五平六	

连将杀,红胜。

改编自 2011 年重庆棋友会所庆国庆象棋公开赛广东黎德志—重庆张朝忠对局。

第 203 局　南征北战

着法(红先胜)：

1. 前车进四	将 5 进 1	2. 后车进八	将 5 进 1
3. 马五进四	将 5 平 4	4. 前车平六	

连将杀,红胜。

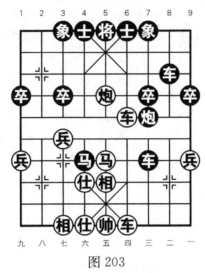

图 203

改编自 2011 年山东省第 21 届"齐明杯"象棋棋王赛济南王新光—滨州邹平董生对局。

第 204 局　宁折不弯

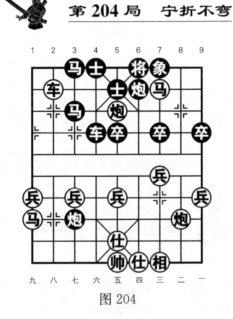

图 204

着法(红先胜):

1. 炮二平四!　士5进6

黑如改走炮 6 平 2,则炮五平四杀,红胜。

2. 车八平四　　　将 6 平 5　　　**3.** 车四平六

连将杀,红胜。

改编自 2011 年"劲酒杯"中国徐州象棋公开赛安徽马维维—湖北刘宗泽对局。

 第 205 局　　鸟尽弓藏

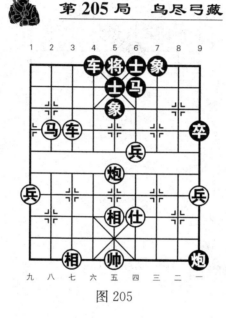

图 205

着法(红先胜):

1. 车七进三!　　车 4 平 3　　　**2.** 马八进六　　　将 5 平 4

3. 炮五平六

连将杀,红胜。

改编自 2011 年常州市"棋协杯"象棋公开赛湖北刘宗泽—安徽张志刚对局。

第 206 局　　内忧外患

着法(红先胜):

1. 车八进九　　士 5 退 4　　　**2.** 车七平五　　　士 6 进 5

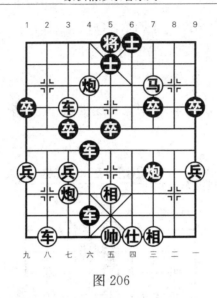

图 206

3. 车五进二

连将杀，红胜。

改编自 2011 年第 12 届世界象棋锦标赛中国台北刘国华—加拿大刘其昌
对局。

 ### 第 207 局　沁人心脾

着法（红先胜）：

1. 兵四进一　车 8 退 2　　**2.** 兵四平五　　将 4 进 1

3. 车七进五

连将杀，红胜。

改编自 2011 年第 12 届世界象棋锦标赛英国黄春龙—缅甸杨正双对局。

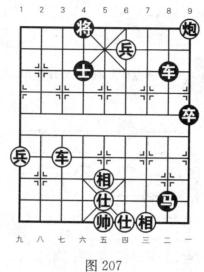

图 207

第 **208** 局　神魂飘荡

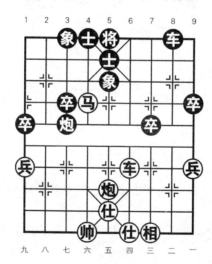

图 208

着法(红先胜)：

1. 马六进四　　将5平6　　**2.** 马四退二　　将6平5

3. 马二进三

连将杀，红胜。

改编自 2011 年北京市东城区"和谐杯"象棋邀请赛北京贾俊—北京张玉信对局。

第 209 局　　伤心欲绝

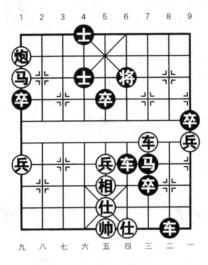

图 209

着法(红先胜)：

1. 车三进三	将 6 退 1	2. 马九进七	士 4 进 5
3. 马七退五	士 5 退 4	4. 马五进六	将 6 平 5
5. 车三平五	将 5 平 4	6. 马六退八	

连将杀，红胜。

改编自 2011 年第 2 届全国智力运动会广东队吕钦—云南队王跃飞对局。

第 210 局　　良药苦口

着法(红先胜)：

1. 马八进七	车 4 进 1	2. 车七平九	车 4 平 3
3. 车九进六	车 3 退 1	4. 车九平七	

绝杀，红胜。

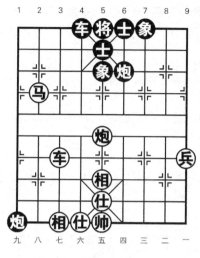

图 210

改编自 2011 年第 15 届亚洲象棋个人赛东马来西亚邓祥年—日本所司和晴对局。

第 211 局　　瞻前顾后

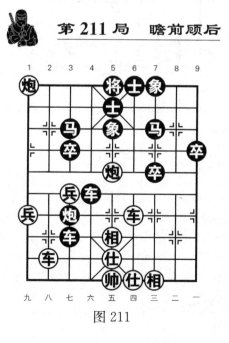

图 211

着法(红先胜)：

1. 车八进八　　车 4 退 5

黑如改走马3退4,则车八退七,马4进3,车八平七,红得车胜定。

2. 车八平六　　将5平4　　**3.** 车四平六　　　将4平5

4. 帅五平六

下一步车六进六杀,红胜。

改编自 2011 年第 15 届亚洲象棋个人赛西马来西亚黄运兴—中国澳门陈图炯对局。

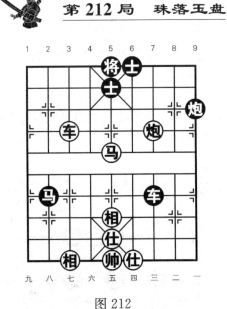

第212局　珠落玉盘

图 212

着法(红先胜):

1. 炮三进三!　车7退6　　**2.** 车七进三　　　士5退4

3. 马五进四　将5进1　　**4.** 马四进三

红得车胜定。

改编自 2011 年"句容茅山·碧桂园杯"全国象棋个人赛北京威凯建设王天—江苏句容茅山队徐超对局。

第213局　拥兵自重

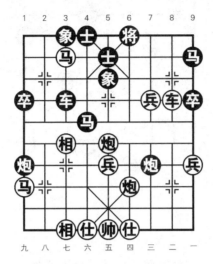

图213

着法(红先胜)：

1. 炮五平四　　炮7平6　　2. 兵三平四　　马4进6

3. 炮四进二　　士5进6　　4. 兵四进一　　车3平6

5. 兵四进一

连将杀,红胜。

改编自2011年第1届武汉市"江城浪子杯"全国象棋公开赛河南姚洪新—北京王昊对局。

第214局　幽咽泉流

着法(红先胜)：

1. 马七进五　　士6退5

黑如改走象7进5,则车二进三,将5进1,马五进七,将5平6,马七进六,连将杀,红胜。

2. 马五进三　　士5进6　　3. 车二平五　　象7进5

4. 车五进一　　士6退5　　5. 车五进一

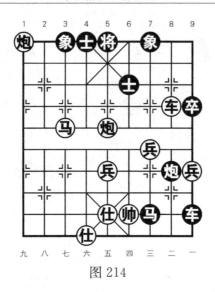

图 214

连将杀,红胜。

改编自 2011 年深圳首届富邦红树湾象棋大奖赛广东蔡佑广—广东王文志对局。

第 215 局　走南闯北

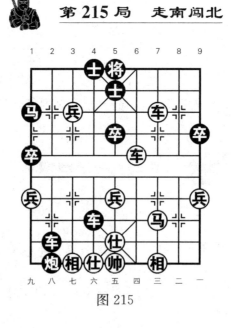

图 215

着法(红先胜)：

1. 车三进二　　士5退6　　2. 车四进四　　将5进1

3. 车四平五　　将5平4　　4. 车三退一　　士4进5

5. 车三平五

连将杀，红胜。

改编自2011年庆建党90周年绥中县"塔山杯"象棋大赛龙港陈广—秦皇岛徐海平对局。

第216局　左顾右盼

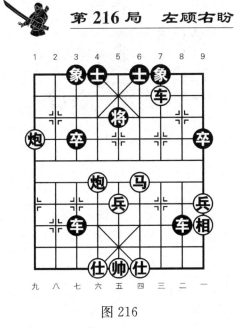

图216

着法(红先胜)：

1. 马四进三　　将5平4　　2. 马三退五　　将4平5

3. 炮六平五

连将杀，红胜。

改编自2011年"必高杯"山西省象棋锦标赛晋城代表队闫春旺—原平代表队霍羡勇对局。

第 217 局　瓮中捉鳖

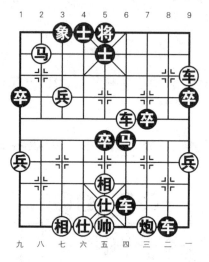

图 217

着法(红先胜)：

1. 车一进二	士5退6	2. 车四进四	将5进1
3. 车四平五	将5平4	4. 车一退一	士4进5
5. 车一平五			

连将杀,红胜。

改编自2014年第6届"杨官璘杯"全国象棋公开赛中国香港吴震熙—芬兰海彼德对局。

第 218 局　车低兵仕相全巧胜马士象全

着法(红先胜)：

1. 车五平七	马3退5	2. 车七进四	士5退4
3. 车七平六			

绝杀,红胜。

改编自2011年四川眉山洪雅旅游文化节"长元房产杯"象棋赛上海王鑫

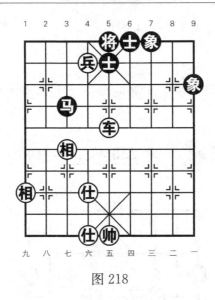

图 218

海—广东李进对局。

第 **219** 局　心惊肉跳

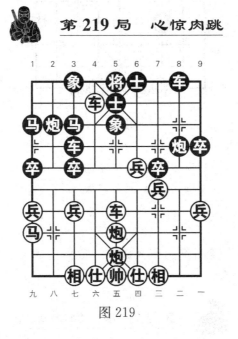

图 219

着法(红先胜)：

1. 车五进四！　炮8平5　　**2.** 车五平七！　　炮2进3

黑如改走车3退1,则后炮进五,车3平5,后炮进五杀,红胜。

3. 后炮进五！　车 3 平 5　　**4.** 车七进二

绝杀，红胜。

改编自 2011 年浙苏皖第 3 届"佑利杯"三省城市象棋赛丽水队俞云涛—宁波队陆宏伟对局。

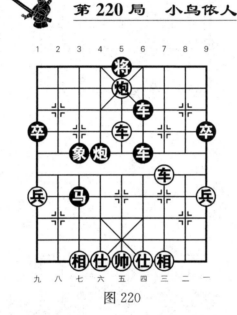

第 220 局　小鸟依人

图 220

着法(红先胜)：

1. 车三进五　　后车退 2　　**2.** 炮五平四！　　象 3 退 5

3. 车五进一　　将 5 平 4　　**4.** 车五平六

连将杀，红胜。

改编自 2011 年宁夏石嘴山市大武口区象棋比赛宁夏赵辉—宁夏许珠昌对局。

第 221 局　饮鸩止渴

着法(红先胜)：

1. 炮九进一　　将 4 进 1　　**2.** 马八退七　　将 4 进 1

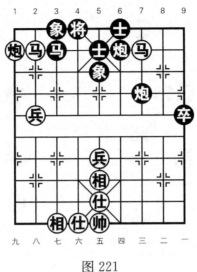

图 221

3. 马三退四

连将杀,红胜。

改编自 2010 年江门市第 11 届大师指导交流象棋赛广东曹岩磊—江门莫尚彬对局。

第 **222** 局　卧雪眠霜

着法(红先胜):

1. 马三进四　　将 5 退 1　　　**2.** 车三平五　　　象 3 进 5

3. 车五进三

连将杀,红胜。

改编自 2011 年第 7 届南京市"弈杰杯"象棋公开赛湖南严俊—山西梁辉远对局。

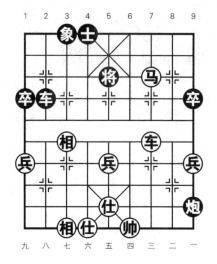

图 222

 第223局　揭竿而起

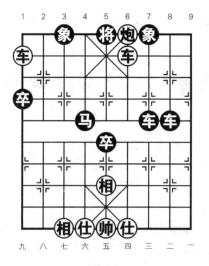

图 223

着法(红先胜)：

1. 车九平五　　将5平4　　2. 车五平六　　将4平5

3. 车四平五　　将5平6　　4. 车六进一

连将杀,红胜。

改编自 2011 年第 7 届南京市"弈杰杯"象棋公开赛江苏孙逸阳—吉林刘喜龙对局。

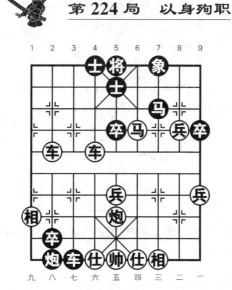

图 224

着法(红先胜):

1. 马四进三　　将5平6　　2. 车六平四!　　马7进6

3. 车八平四　　士5进6　　4. 车四进二

连将杀,红胜。

改编自 2011 年第 7 届南京市"弈杰杯"象棋公开赛江苏孙逸阳—上海杨长喜对局。

第 225 局　　玉石俱焚

着法(红先胜):

1. 兵七进一　　将4退1　　2. 炮八进一　　象3进1

3. 兵七进一　　将4进1　　4. 车八进五　　车3退8

5. 车八平七

连将杀,红胜。

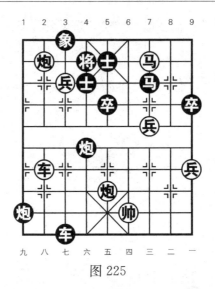

图 225

改编自 2011 年 CIG2011 中游中象职业高手电视挑战赛广东专业棋手陈丽淳——中游联队刘立山对局。

第 226 局　趾高气扬

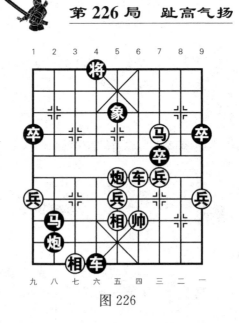

图 226

着法(红先胜)：

1. 车四进五　　将 4 进 1　　　**2.** 车四退一　　　将 4 退 1

3. 马三进五

连将杀，红胜。

改编自 2011 年东莞凤岗季度象棋公开赛广东李进—广东薛冰对局。

 第 227 局　傲睨万物

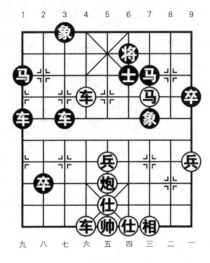

图 227

着法（红先胜）：

1. 前车进二　　士 6 退 5

黑如改走将 6 退 1，则前车进一，将 6 进 1，后车进八，士 6 退 5，后车平五，将 6 进 1，车六平四，马 7 退 6，车五平四，连将杀，红胜。

2. 前车平五　　将 6 进 1　　　**3.** 车五平三　　　车 3 退 3

4. 车三退一　　将 6 退 1　　　**5.** 车三平九　　　将 6 退 1

6. 车六进九

绝杀，红胜。

改编自 2011 年"五龙杯"全国象棋团体赛火车头队刘鑫—山西队高海军对局。

第 228 局　寓兵于农

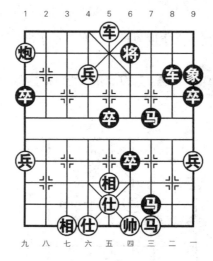

图 228

着法(红先胜)：

1. 兵六进一　　将6进1　　2. 车五平四　　　将6平5

3. 车四平八　　将5平4　　4. 兵六平七

下一步车八退二杀，红胜。

改编自2011年第3届"句容茅山·碧桂园杯"全国象棋冠军邀请赛浙江于幼华—广东许银川对局。

第 229 局　说东道西

着法(红先胜)：

1. 兵四进一！　将5平6　　2. 马三进二　　　将6进1

黑如改走将6平5,则马二退四,将5平6,兵六平五,下一步马四进二杀，红胜。

3. 炮五平四　　炮4平6　　4. 马二退三　　　将6退1

5. 兵六平五

下一步马三进二杀，红胜。

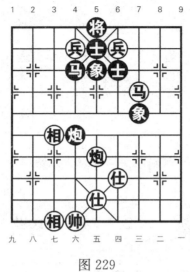

图 229

改编自 2010 年第 7 届"威凯杯"全国冠军赛暨象棋一级棋士赛北京刘欢—北京杨贺对局。

第 230 局　望子成龙

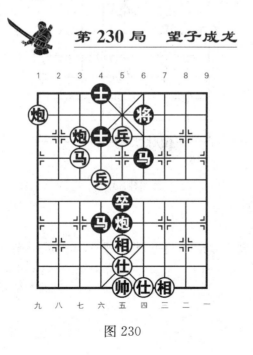

图 230

着法(红先胜):

1. 兵五平四　　　将6平5

黑如改走将6退1,则炮七进二,士4进5,炮九进一,连将杀,红胜。

2. 炮七进一　　　将5退1　　　**3.** 炮七进一　　　　将5进1

4. 马七进八

连将杀,红胜。

改编自2010年"藏谷私藏杯"全国象棋个人赛山东中国重汽队谢岿—广东队朱少钧对局。

 第231局　　为国捐躯

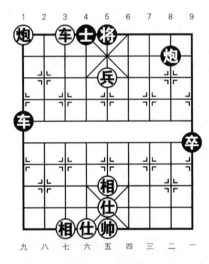

图231

着法(红先胜):

1. 车七退一!　　车1退4

黑如改走士4进5,则兵五进一,将5平6,车七进一,连将杀,红胜。

2. 车七平二　　　将5平6　　　**3.** 兵五平四　　　将6平5

4. 兵四进一　　　士4进5　　　**5.** 车二进一　　　士5退6

6. 车二平四

绝杀,红胜。

改编自2011年越南全国象棋个人赛蚬港陈文宁—兴安邓有庄对局。

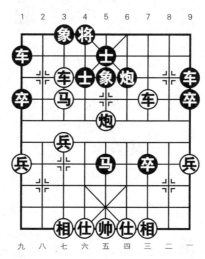

图 232

着法(红先胜):

1. 车三进三! 炮6退2　　2. 车三平四!　　士5退6

3. 车七平六　　车1平4　　4. 车六进一

连将杀,红胜。

改编自2011年重庆第3届"茨竹杯"象棋公开赛四川孙浩宇—重庆祁幼林对局。

第 233 局　　恨之入骨

着法(红先胜):

1. 兵五进一　　将5平6　　2. 马四进六　　炮5退4

3. 炮八平六　　炮6退6　　4. 马六进五

绝杀,红胜。

改编自2011年第2届"俊峰杯"上海市象棋精英赛上海王鑫海—上海朱玉

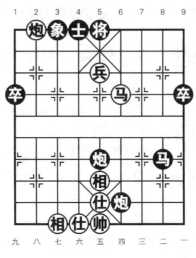

图 233

龙对局。

第 234 局　黄芦苦竹

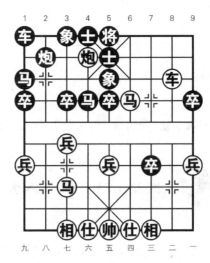

图 234

着法(红先胜)：

1. 马四进三　　将 5 平 6　　2. 车二进二　　象 5 退 7

3. 车二平三

连将杀,红胜。

改编自2011年广西北流市新圩镇第5届"大地杯"象棋公开赛广东李鸿嘉—重庆赖宏对局。

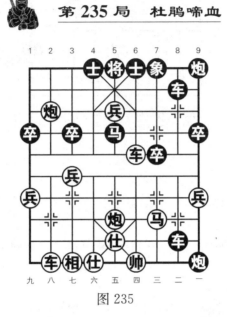

第 235 局　杜鹃啼血

图 235

着法(红先胜):

1. 炮八进二	士4进5	**2.** 兵五进一	士6进5
3. 炮八平三	将5平4	**4.** 车八进九	将4进1
5. 车八退一	将4退1	**6.** 车四进四	

绝杀,红胜。

改编自2011年澳洲维多利亚象棋友谊锦标赛澳大利亚鲁钟能—澳大利亚蔡彦对局。

第 236 局　耳熟能详

着法(红先胜):

1. 前车进二	士5退4	**2.** 前车退一	士4进5

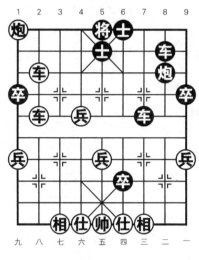

图 236

3. 前车平六

下一步车八进四再车八平六杀,红胜。

改编自 2011 年重庆棋友会所"贺岁杯"象棋个人赛四川孙浩宇—重庆吕道明对局。

 第 237 局　唇齿相依

着法(红先胜):

1. 前车进三!　将 4 进 1		**2.** 后车平六	士 5 进 4
3. 车四退一　将 4 退 1		**4.** 车六进五	

连将杀,红胜。

改编自 2011 年重庆棋友会所"贺岁杯"象棋个人赛天津孟辰—广东蔡佑广对局。

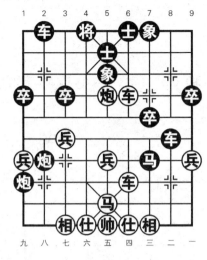

图 237

第 238 局 掉以轻心

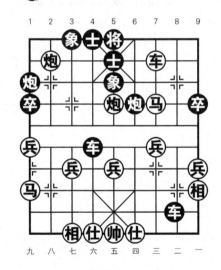

图 238

着法(红先胜):

1. 车三进一　　炮 6 退 3　　**2.** 马三进五!　　象 3 进 5

3. 炮八进一

绝杀, 红胜。

179

改编自 2011 年重庆棋友会所"贺岁杯"象棋个人赛广东蔡佑广—重庆祁幼林对局。

 第239局　车炮巧胜车单士象

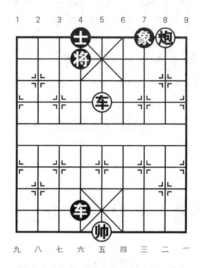

图 239

着法（红先胜）：

1. 车五进三	象 7 进 5	2. 炮二平六	车 4 平 7
3. 车五退二	车 7 退 7	4. 炮六平八	车 7 平 8
5. 车五退二	车 8 进 1	6. 炮八平六！	车 8 平 7
7. 车五平六	车 7 平 4	8. 炮六退二	将 4 退 1
9. 炮六平八			

绝杀，红胜。

改编自 2011 年"珠晖杯"象棋大师邀请赛湖南省黄仕清—河北省苗利明对局。

第 240 局　耳目众多

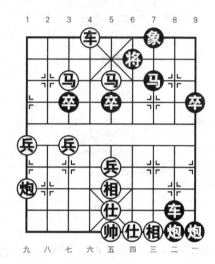

图 240

着法(红先胜)：

1. 车六退一　　将 6 进 1　　2. 马五进六　　　将 6 平 5

3. 车六平五！　将 5 平 4　　4. 马六退八

绝杀，红胜。

改编自 2011 年"东方领秀杯"蒋川 1 对 20 盲棋表演赛北京蒋川—连云港夏庚对局。

第 241 局　龙蛇混杂

着法(红先胜)：

1. 炮九进七　　士 4 进 5　　2. 马六进七　　　将 6 平 5

3. 马七进八　　士 5 退 4　　4. 车三平六　　　将 5 平 6

5. 马八退七　　士 4 进 5　　6. 马七进六

绝杀，红胜。

改编自 2011 年 JJ 象棋顶级英雄大会辽宁韩冰—江苏程鸣对局。

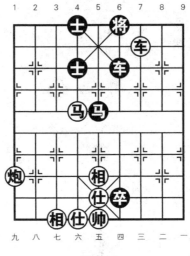

图 241

第 242 局　门前冷落

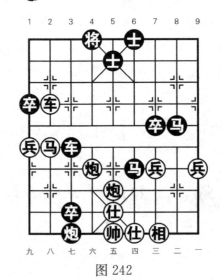

图 242

着法(红先胜)：

1.车八平六　　士5进4　　2.车六进一　　将4平5

3.炮六平五

连将杀,红胜。

改编自 2010 年"楠溪江杯"全国象棋甲级联赛北京威凯体育蒋川—境之谷沈阳才溢对局。

 ## 第 243 局　　虚与委蛇

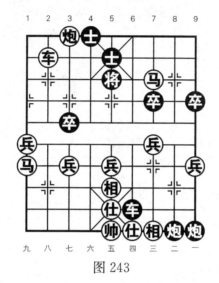

图 243

着法(红先胜):

1. 车八退一	士 5 进 4	2. 炮七退二	士 4 退 5
3. 帅五平六	炮 9 平 7	4. 帅六进一	将 5 平 6

黑如改走士 5 进 6,则炮七进二,将 5 退 1,车八进一,将 5 进 1,马三进四杀,红胜。

5. 炮七进二	士 5 进 4	6. 车八平六	将 6 退 1
7. 马三退五	将 6 平 5	8. 马五进七	将 5 平 6
9. 马七进六	将 6 平 5	10. 车六平五	

绝杀,红胜。

改编自 2010 年第 16 届亚洲象棋锦标赛中国汪洋—中国台北庄文濡对局。

第244局　以绝后患

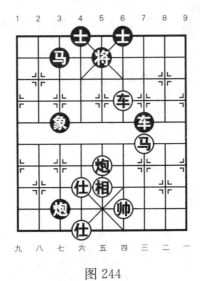

图 244

着法(红先胜)：

1. 车四进二　　将5退1　　2. 马三进五　　马3进5

3. 马五进六

连将杀，红胜。

改编自2010年第16届亚洲象棋锦标赛中国香港赵汝权—中国台北林中贵对局。

第245局　仰天长啸

着法(红先胜)：

1. 炮四退四！　将4进1　　2. 马三退五　　将4平5

3. 炮四平五

连将杀，红胜。

改编自2010年第2届长三角中国象棋精英赛江苏队杨伊—镇江队黄恒超对局。

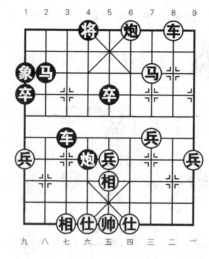

图 245

第 246 局　莺歌燕舞

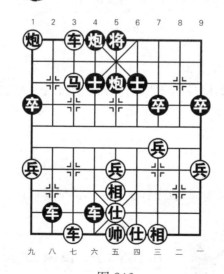

图 246

着法（红先胜）：

1. 前车平六　　将5进1　　2. 车六退一！　　将5平4

3. 马七进八！　车2退8　　4. 车七进八

连将杀，红胜。

185

改编自 2010 年第 16 届亚洲象棋锦标赛中国汪洋—柬埔寨甘德彬对局。

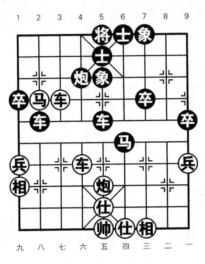

第 247 局　　银瓶卞破

图 247

着法(红先胜):

1. 车七进三！　象 5 退 3

黑如改走士 5 退 4,则马八进六,将 5 进 1,车七退一,连将杀,红胜。

2. 马八进六　　将 5 平 4　　3. 马六进八　　　将 4 平 5

4. 车六进六

连将杀,红胜。

改编自 2010 年"永太杯"浙江省象棋团体锦标赛杭州队陈建国—丽水队黄建康对局。

第 248 局　　拒谏饰非

着法(红先胜):

1. 马二进四！　士 5 进 6　　2. 前车进六　　　将 5 进 1

3. 后车进七

连将杀,红胜。

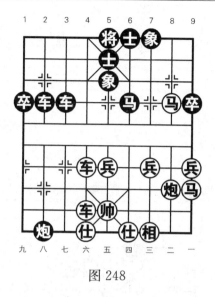

图 248

改编自 2010 年第 16 届广州亚运会象棋比赛中国洪智—新加坡吴宗翰对局。

第 249 局　展翅高飞

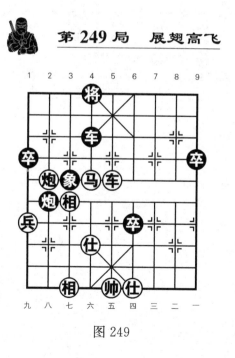

图 249

着法(红先胜):

1. 马六进七！　　车 4 平 3　　　2. 车五平六　　　车 3 平 4

3. 车六进二

连将杀,红胜。

改编自 2010 年第 16 届广州亚运会象棋比赛中华台北高懿屏—中国台北彭柔安对局。

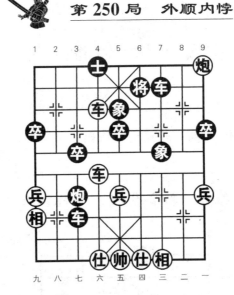

第 250 局　　外顺内悖

图 250

着法(红先胜):

1. 前车进一　　将 6 退 1　　　2. 前车进一　　　将 6 进 1

3. 后车进四　　将 6 进 1　　　4. 前车平四　　　车 7 平 6

5. 车四退一

连将杀,红胜。

改编自 2010 年辽宁省象棋个人锦标赛辽阳市代表队范思远—鞍山风光小学范磊对局。

第 251 局　五雷轰顶

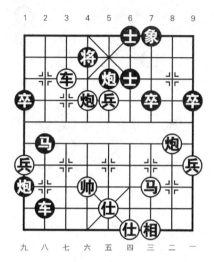

图 251

着法（红先胜）：

1. 车七平六！　将 4 平 5

黑如改走将 4 进 1，则炮二平六，马 2 退 4，前炮平三，马 4 进 2，兵五平六，连将杀，红胜。

2. 兵五进一　　象 7 进 5　　**3.** 炮六平五　　　象 5 退 7

4. 车六进一　　将 5 进 1　　**5.** 炮二平五

连将杀，红胜。

改编自 2010 年辽宁省象棋个人锦标赛葫芦岛市陈广—葫芦岛市郑策对局。

第 252 局　无恶不作

着法（红先胜）：

1. 前车进三！　车 4 退 2　　**2.** 前车平六　　将 5 平 4

3. 车八进七　　将 4 进 1　　**4.** 炮五平六

连将杀，红胜。

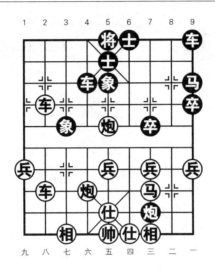

图 252

改编自 2010 年第 4 届"杨官璘杯"全国象棋公开赛缅甸黄必富—日本象棋协会秋吉—功对局。

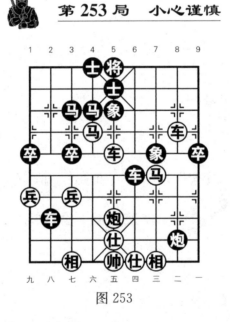

第 253 局　小心谨慎

图 253

着法(红先胜)：

1. 车五平四！　车 6 退 1　　2. 车二进三　　　车 6 退 4

3. 马六进四

绝杀,红胜。

改编自 2010 年第 4 届"杨官璘杯"全国象棋公开赛中国台北江中豪—日本象棋协会所司和晴对局。

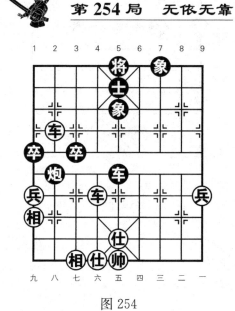

第 254 局　无依无靠

图 254

着法(红先胜):

1. 车八进三	象 5 退 3	**2.** 车八平七	士 5 退 4
3. 车六进六	将 5 进 1	**4.** 车六平五	将 5 平 6
5. 车五退五			

红得车胜定。

改编自 2010 年第 4 届"杨官璘杯"全国象棋公开赛日本象棋协会秋吉一功—澳大利亚邓宜兵对局。

第 255 局　投鼠忌器

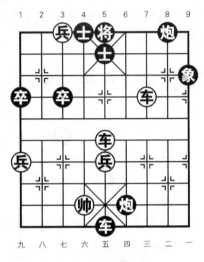

图 255

着法（红先胜）：

1. 车三进三！　象 9 退 7　　　2. 兵七平六　　　将 5 平 6

3. 车五平四　　士 5 进 6　　　4. 车四进三

连将杀，红胜。

改编自 2010 年第 4 届"杨官璘杯"全国象棋公开赛越南象棋队赖理兄—中国香港王浩昌对局。

 第 256 局　心腹之患

着法（红先胜）：

1. 后炮进四！　马 3 进 5

黑如改走车 8 平 5，则马七进五，红得车胜定。

2. 车六进一！　将 5 平 4

3. 车四进一

连将杀，红胜。

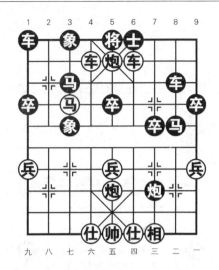

图 256

改编自 2010 年第 4 届"杨官璘杯"全国象棋公开赛越南象棋队阮黄林—德国象棋协会翁翰明对局。

第 257 局　一心一意

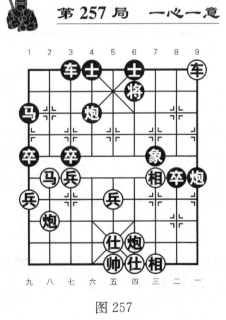

图 257

着法(红先胜)：

1. 车一退一　　将 6 进 1　　**2.** 仕五进四　　将 6 平 5

3. 炮八平五

连将杀,红胜。

改编自 2013 年重庆首届"学府杯"象棋赛湖北柳大华—四川周华对局。

第 258 局　旁若无人

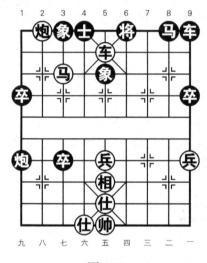

图 258

着法(红先胜):

1. 车五平六　　　马 8 进 6

黑如改走马 8 进 7,则车六进一,将 6 进 1,车六退一,将 6 进 1,炮八退二,车 9 进 1,马七进六,象 5 退 7,车六退一,象 7 进 5,车六平五杀,红胜。

2. 帅五平四!　将 6 平 5　　　**3.** 车六平五　　　将 5 平 6

4. 车五平四　　将 6 平 5　　　**5.** 车四平五

绝杀,红胜。

改编自 2010 年第 4 届"杨官璘杯"全国象棋公开赛新加坡象棋协会黄俊铭—日本象棋协会所司和晴对局。

第259局　龙跃凤鸣

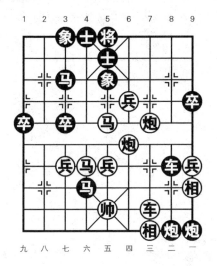

图259

着法(红先胜)：

1. 马五进六！	士5进4	2. 炮三平五	象5退7
3. 炮四平五	将5平6	4. 车三进八	将6进1
5. 兵四进一！	将6进1	6. 车三平四	

连将杀,红胜。

改编自2010年"楠溪江杯"全国象棋甲级联赛河南啟福李晓晖—江苏南京珍珠泉程鸣对局。

第260局　失之交臂

着法(红先胜)：

| 1. 车六进五 | 将6进1 | 2. 车二进一 | 将6进1 |
| 3. 车六平四 | | | |

连将杀,红胜。

改编自2010年浙江省首届体育大会卫生体协朱龙奎—移动体协冯磊对局。

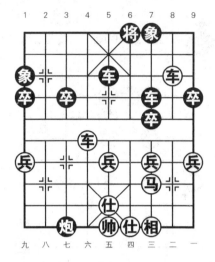

图 260

第 261 局　汹涌澎湃

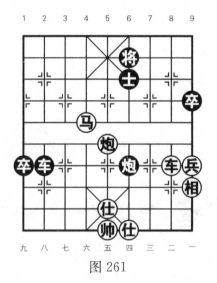

图 261

着法(红先胜)：

1. 车二进五　　将6退1　　2. 马六进五　　士6退5

3. 车二进一　　将6进1　　4. 马五退三　　将6进1

5. 车二退二

连将杀,红胜。

改编自 2010 年山东省象棋个人锦标赛青岛象棋协会李瀚林—淄博嘉州张从嘉对局。

第 262 局　　引人注目

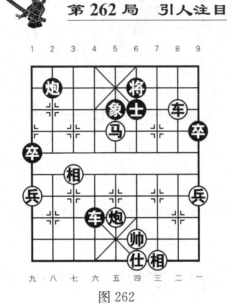

图 262

着法(红先胜):

1. 车二平四　　将 6 平 5　　　**2.** 车四平五　　　将 5 平 4

3. 车五进一　　将 4 进 1　　　**4.** 车五平六

连将杀,红胜。

改编自 2010 年第 7 届"威凯杯"全国冠军赛暨象棋一级棋士赛河北玉思源—北京杨飞对局。

 ## 第 263 局　　鸦雀无声

着法(红先胜):

1. 马六进四　　炮 5 平 6　　　**2.** 前炮平五　　　象 7 进 5

3. 马五进七　　将 5 平 4　　　**4.** 车四平六

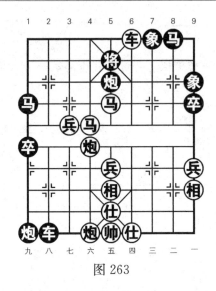

图 263

连将杀,红胜。

改编自 2010 年第 4 届全国体育大会四川省郑一泓—澳门特别行政区张国伟对局。

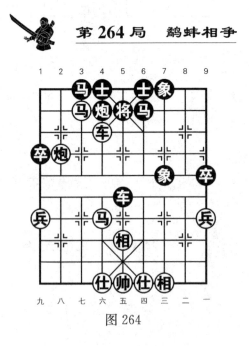

第 264 局　　鹬蚌相争

图 264

着法(红先胜)：

1. 车六进一！　将5平4　　　**2.** 炮八进二　　　将4进1

3. 马六进七

连将杀,红胜。

改编自2010年第2届"宇宏杯"象棋公开赛浙江陈卓—宁夏吴安勤对局。

第265局　兵连祸接

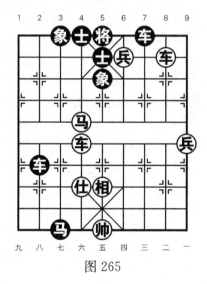

图 265

着法(红先胜)：

1. 兵四平五！　士4进5　　　**2.** 车二平五！　　　将5进1

3. 马六进七　将5退1　　　**4.** 车六进五

连将杀,红胜。

改编自2010年第4届全国体育大会广东省吕钦—湖南省谢业枧对局。

第266局　不堪回首

着法(红先胜)：

1. 后马进五！　将5平6

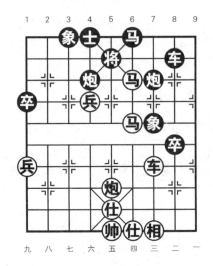

图 266

黑如改走将 5 平 4，则兵六进一！将 4 进 1，车三平六，将 4 平 5，马四退五，连将杀，红胜。

2. 马五进六	将 6 平 5	**3.** 车三平五	象 3 进 5
4. 车五进四	将 5 平 4	**5.** 车五平六	将 4 平 5
6. 车六平五	将 5 平 4	**7.** 炮五平六	

连将杀，红胜。

改编自 2010 年第 4 届"芳庄旅游杯"越南象棋公开赛越南汪洋北—越南郑亚生对局。

 第 267 局　九霄云外

着法（红先胜）：

1. 马五进六	将 5 平 6	**2.** 炮五平四	士 5 进 6
3. 兵四进一			

连将杀，红胜。

改编自 2010 年"北武当山杯"全国象棋精英赛沈阳队卜凤波—吕梁队牛志峰对局。

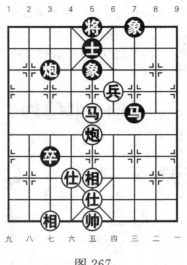

图 267

 第 **268** 局 惊弓之鸟

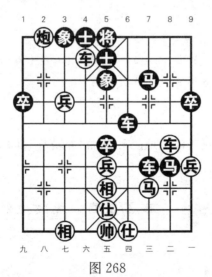

图 268

着法(红先胜):

1. 车二进四　　将5平6　　2. 车二平五!　　马7退5

3. 车六进一　　将6进1　　4. 车六平四

绝杀,红胜。

改编自 2010 年恩平沙湖象棋大奖赛广东黎德志—广东胡克华对局。

 第 269 局　积蚊成雷

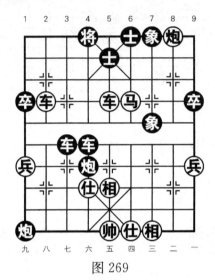

图 269

着法(红先胜)：

1. 车八进三　　将 4 进 1　　2. 车五进二！　　士 6 进 5

3. 车八退一　　车 3 退 4　　4. 车八平七

连将杀，红胜。

改编自 2010 年武汉市洪山地区第 26 届"精英杯"棋类比赛湖北少年队左文静—洪山区和平街黄辉对局。

 第 270 局　龙腾虎跃

着法(红先胜)：

1. 马九进八　　将 4 退 1　　2. 马八退六！　　将 4 进 1

3. 兵七进一　　将 4 进 1　　4. 车九退二

连将杀，红胜。

改编自 2010 年第 6 届南京市"弈杰杯"象棋公开赛泰州孙逸阳—山东苑正

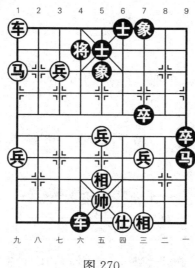

图 270

存对局。

第271局　忍气吞声

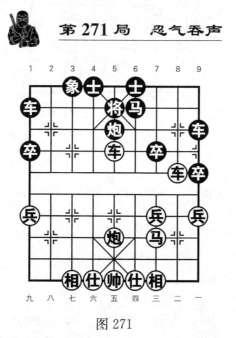

图 271

着法(红先胜):

| 1. 车五进一! | 将5进1 | 2. 马三进五 | 马6进5 |
| 3. 马五进六 | 将5平4 | 4. 马六进八 | 将4退1 |

5. 车二平六　　车9平4　　　**6.** 车六进二

连将杀，红胜。

改编自 2010 年第 16 届"迎春杯"象棋团体公开赛惠州华轩一队李进—黄埔耀祺队宋志鹏对局。

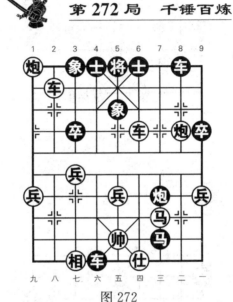

第 272 局　　千锤百炼

图 272

着法(红先胜)：

1. 车四进一！　士6进5　　　**2.** 车四进一　　士5退6

3. 炮二平五　士6进5　　　**4.** 车八平五

绝杀，红胜。

改编自 2010 年第 16 届"迎春杯"象棋团体公开赛广州市嘉俊象棋队王天——黄埔耀祺队李锦雄对局。

第 273 局　　挺身而出

着法(红先胜)：

1. 马一进三　将5进1　　　**2.** 车四进五　　将5退1

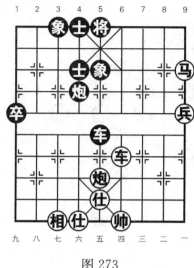

图 273

3. 车四平六

连将杀,红胜。

改编自 2009 年"浩坤杯"全国象棋个人赛河南启福棋牌俱乐部队潘攀—湖南九华队周章筱对局。

 第 274 局　攀龙附凤

着法(红先胜):

1. 马七进六!　将5平4　　　**2.** 车八进一　　将4进1

3. 马六进七

连将杀,红胜。

改编自 2009 年"浩坤杯"全国象棋个人赛北京威凯队常婉华—天津队王晴对局。

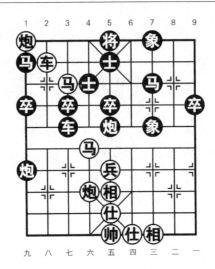

图 274

 第 275 局　千难万险

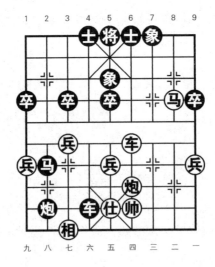

图 275

着法(红先胜)：

1. 马二进三　　将 5 进 1　　　2. 车四进四!　　将 5 平 6

3. 马三退四

连将杀,红胜。

改编自2009年"浩坤杯"全国象棋个人赛安徽棋院队赵寅—河北金环钢构队刘钰对局。

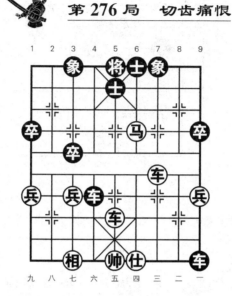

第276局　切齿痛恨

图 276

着法(红先胜)：

1. 车五进六！　将5平4　　　2. 车五进一　　　将4进1

3. 车三进四　　士6进5　　　4. 车三平五

连将杀，红胜。

改编自2009年"浩坤杯"全国象棋个人赛广西华蓝队谢云—河北金环钢构队玉思源对局。

第277局　情同手足

着法(红先胜)：

1. 前马退五　　将4进1　　　2. 马五退七　　　将4平5

3. 马七进六

连将杀，红胜。

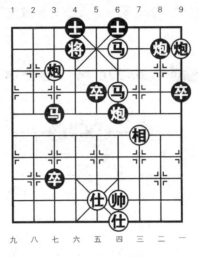

图 277

改编自 2009 年"浩坤杯"全国象棋个人赛黑龙江队张梅—四川成都双流队梁妍婷对局。

 第 278 局　视若草芥

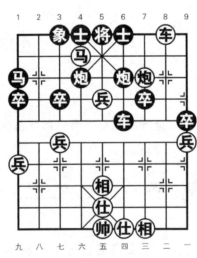

图 278

着法(红先胜)：

1. 车二平四　　将5进1　　2. 兵五进一　　将5平4

3. 车四退一　　士4进5　　　**4.** 兵五进一　　将4退1

5. 车四进一

连将杀,红胜。

改编自2009年"浩坤杯"全国象棋个人赛澳门队李锦欢—浙江波尔轴承队陈卓对局。

第279局　韶光荏苒

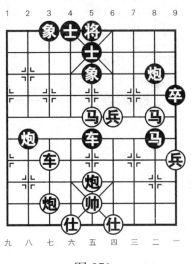

图 279

着法(红先胜):

1. 炮七进八!　象5退3　　　**2.** 马五进六　　将5平6

3. 马二进三

连将杀,红胜。

改编自2009年"浩坤杯"全国象棋个人赛澳门队陈图炯—云南红队蒋家宾对局。

第280局　沁人肺腑

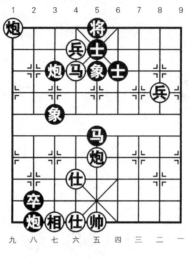

图 280

着法(红先胜)：

1. 兵六进一！　将 5 平 4　　**2.** 炮五平六　　　马 5 退 4

3. 马六进七

连将杀,红胜。

改编自 2009 年惠州"华轩杯"全国象棋甲级联赛境之谷沈阳王天一——北京威凯体育金波对局。

第281局　情势危急

着法(红先胜)：

1. 车三退一　　将 6 退 1　　**2.** 车七平四　　　将 6 平 5

3. 车三进一　　士 5 退 6　　**4.** 车四进二　　　将 5 进 1

5. 车四平五　　将 5 平 6　　**6.** 车三平四

连将杀,红胜。

改编自 2009 年第 1 届全国智力运动会湖北队何静—广西队周颖祺对局。

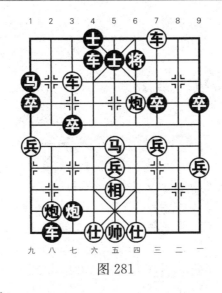

图 281

第 **282** 局　　燃眉之急

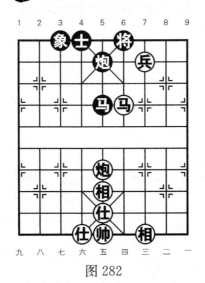

图 282

着法(红先胜)：

1. 兵三进一！　将 6 进 1　　2. 炮五平四　　马 5 进 6

3. 马四进二

连将杀,红胜。

改编自 2009 年第 1 届全国智力运动会河北金环钢构队刘钰—重庆队杨佳对局。

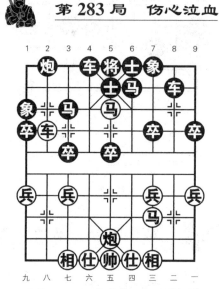

图 283

着法（红先胜）：

1. 马五进七　　车 4 进 1　　2. 车八进三　　　象 1 退 3

3. 车八平七

连将杀，红胜。

改编自 2009 年第 1 届全国智力运动会重庆队梁潇—广东队赖玮怡对局。

第 284 局　　如醉如痴

着法（红先胜）：

1. 马六进七　　将 5 平 6　　2. 炮五平四　　士 5 进 6

3. 车六进七　　将 6 进 1　　4. 车六退一　　将 6 退 1

5. 车八进三

连将杀，红胜。

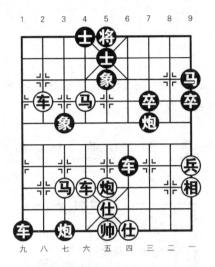

图 284

改编自 2005 年"甘肃移动通信杯"全国象棋团体赛厦门郭福人—山东嘉周李强对局。

第 285 局　人少势弱

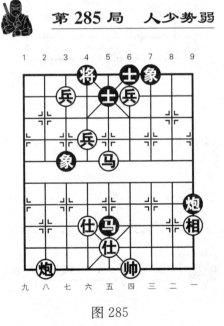

图 285

着法(红先胜):

1. 兵七进一　将4平5　　2.炮八进九　　士5退4

3. 马五进六

连将杀,红胜。

改编自 2009 年惠州"华轩杯"全国象棋甲级联赛黑龙江哈尔滨市名烟总汇赵国荣—浙江波尔轴承程吉俊对局。

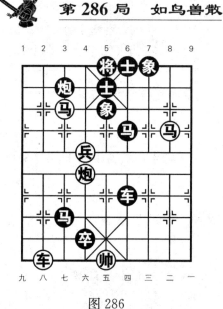

第 286 局　　如鸟兽散

图 286

着法(红先胜):

1. 车八进九　　炮 3 退 1　　**2.** 车八平七!　　象 5 退 3

3. 马二进四

连将杀,红胜。

改编自 2009 年第 1 届全国智力运动会河北队申鹏—甘肃队李家华对局。

第 287 局　　天下大乱

着法(红先胜):

1. 车九进三　　象 5 退 3　　**2.** 车九平七　　士 5 退 4

3. 马五进六　　将 5 进 1　　**4.** 马六退四　　将 5 退 1

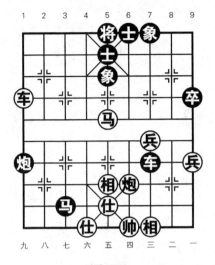

图 287

5.马四进三　　将5进1　　6.车七退一

连将杀,红胜。

改编自 2009 年"楚河汉界杯"象棋棋王争霸赛广东苏钜明—广东李可东
对局。

 第 288 局　万籁俱寂

着法(红先胜):

1.前炮进一!	象5退3	2.炮七进九	将6进1
3.车三进二	将6进1	4.马七退五	将6平5
5.车三退一!	士5进6	6.马五进七	将5平4
7.车三平四	象7进5	8.车四平五	

连将杀,红胜。

改编自 2009 年惠州"华轩杯"全国象棋甲级联赛河南启福武俊强—湖北宏
宇汪洋对局。

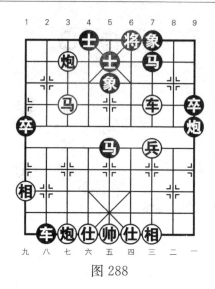

图 288

第 289 局　无能为力

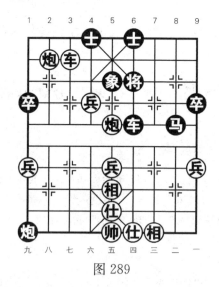

图 289

着法(红先胜)：

1. 炮八退一　　象 5 退 3　　　2. 兵六进一　　　象 3 进 5

3. 兵六平五　　将 6 平 5　　　4. 炮五平七

黑只有弃车砍炮,红胜定。

改编自 2009 年"海龙杯"山东省第 19 届象棋棋王赛青岛张兰天—潍坊高洪源对局。

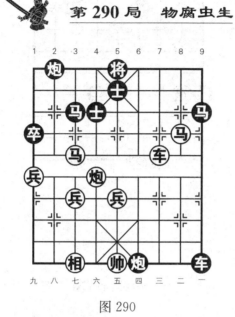

第 290 局　　物腐虫生

图 290

着法(红先胜)：

1. 马二进四！　　士 5 进 6　　　2. 马七进六　　　将 5 平 6

黑如改走将 5 进 1,则车三平五杀,红胜。

3. 炮六平四　　士 6 退 5　　　4. 车三平四　　　士 5 进 6

5. 车四进二

连将杀,红胜。

改编自 2009 年"恒丰杯"第 11 届世界象棋锦标赛越南阮成保—新加坡吴宗翰对局。

第 291 局　　心花怒放

着法(红先胜)：

1. 车五进三　　将 6 进 1　　　2. 马三退五　　　将 6 进 1

3. 马五退三　　将 6 退 1　　　4. 马三进二　　　将 6 进 1

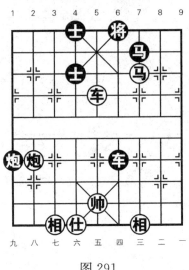

图 291

5. 车五平四

连将杀,红胜。

改编自 2009 年辽宁省"雪花纯生杯"象棋精英赛长春市张石—大连西岗滕飞对局。

 第 292 局　胸有成竹

着法(红先胜):

1. 炮九进四　　象 5 退 3

黑如改走将 6 进 1,则炮六进六,士 5 进 4,车三进二,将 6 进 1,炮九退一,双叫杀,红胜。

2. 车三进三　　将 6 进 1　　3. 炮六进六　　　士 5 进 4

4. 炮九退一　　将 6 进 1　　5. 车三退二

连将杀,红胜。

改编自 2009 年辽宁省"雪花纯生杯"象棋精英赛北京市周涛—河北赵泽宇对局。

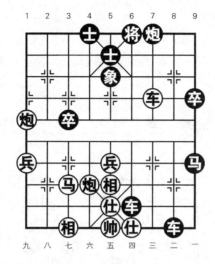

图 292

第 **293** 局　凶神恶煞

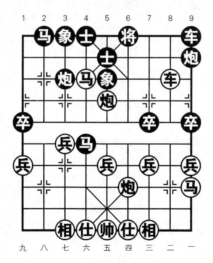

图 293

着法(红先胜)：

1. 车二平四　炮9平6	2. 车四平五!　马4退6
3. 炮五平四　炮6平8	4. 车五平四　炮8平6
5. 车四进一	

连将杀,红胜。

改编自 2009 年辽宁省"雪花纯生杯"象棋精英赛辽阳石油芳烃郝继超一盘锦市赵峰对局。

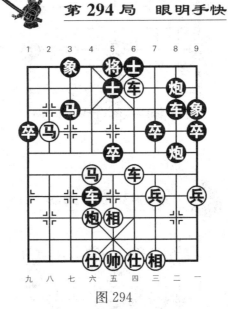

第 294 局　眼明手快

图 294

着法(红先胜):

1. 马八进七	将 5 平 4	2. 前车进一!	士 5 退 6
3. 车四进五	将 4 进 1	4. 马六进五	将 4 平 5
5. 车四退一			

连将杀,红胜。

改编自 2009 年第 6 届"威凯房地产杯"全国象棋一级棋士赛北京任刚一浙江谢丹枫对局。

第 295 局　扬眉吐气

着法(红先胜):

1. 车四进三!　将 5 平 6

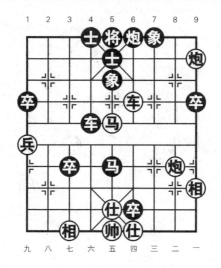

图 295

黑如改走士 5 退 6,则马五进四,将 5 进 1,炮二进五,连将杀,红胜。

2. 炮二进六　　象 7 进 9　　**3.** 炮一进一　　将 6 进 1

4. 马五进三　　将 6 进 1　　**5.** 马三进二　　将 6 退 1

6. 炮一退一

连将杀,红胜。

改编自 2009 年第 3 届亚洲室内运动会中国象棋队选拔赛北京唐丹—河北胡明对局。

 第 296 局　一点就通

着法(红先胜):

1. 车四平五　　将 5 平 6　　**2.** 车五进一　　将 6 进 1

3. 车八进一　　将 6 进 1　　**4.** 车五平四

连将杀,红胜。

改编自 2009 年第 15 届"合生·迎春杯"象棋团体赛惠州市华轩置业蒋川—番禺职协王华章对局。

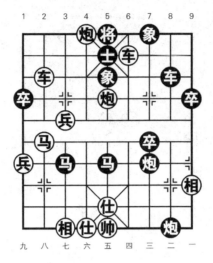

图 296

 第 297 局　游山玩水

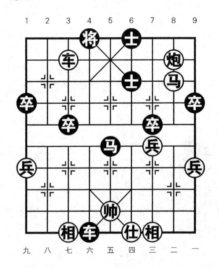

图 297

着法（红先胜）：

1. 炮二进一　　士6进5　　**2.** 马二进三　　　士5退6

3. 马三退四　　士6进5　　**4.** 车七进一

连将杀，红胜。

改编自 2009 年"恒丰杯"第 11 届世界象棋锦标赛德国薛忠—加西罗元章对局。

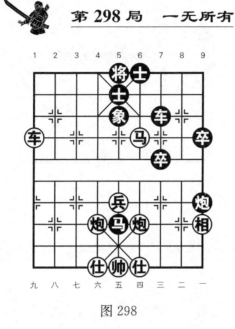

第 298 局　一无所有

图 298

着法(红先胜)：

1. 车九进三　　象 5 退 3　　2. 车九平七　　士 5 退 4

3. 车七平六！　将 5 平 4　　4. 马四进六

连将杀,红胜。

改编自 2009 年"恒丰杯"第 11 届世界象棋锦标赛日本田中笃—俄罗斯德米特里·鲁缅采夫对局。

第 299 局　义愤填膺

着法(红先胜)：

1. 炮二进四　　士 5 退 6　　2. 车四进七　　将 5 进 1

3. 车四平五　　将 5 平 4　　4. 马五进七　　将 4 进 1

5. 车五平六

连将杀,红胜。

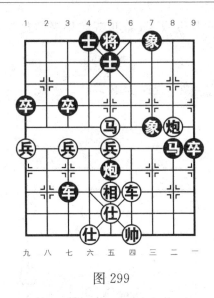

图 299

改编自 2009 年"恒丰杯"第 11 届世界象棋锦标赛英国黄春龙—意大利胡允锡对局。

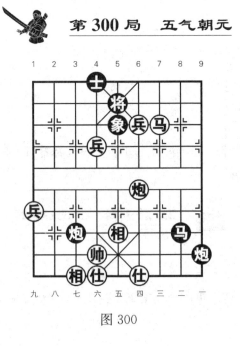

第 300 局　　五气朝元

图 300

着法(红先胜)：

1. 兵四平五　　　将 5 退 1

黑如改走将 5 进 1,则兵六进一,将 5 平 6,马三退四,连将杀,红胜。

2. 炮四平五　　　士 4 进 5　　　**3.** 兵五进一　　　　将 5 平 4

4. 炮五平六

连将杀,红胜。

改编自 2008 年"松业杯"全国象棋个人赛江苏棋院队杨伊—广东惠州华轩队文静对局。

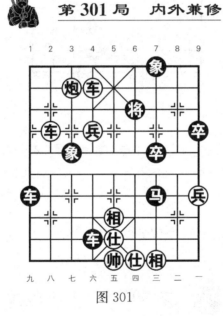

第**301**局　　内外兼修

图 301

着法(红先胜)：

1. 车八进一　　　象 7 进 5　　　**2.** 炮七退一　　　　象 5 退 7

3. 兵六进一　　　象 7 进 5　　　**4.** 兵六平五!　　　将 6 平 5

5. 炮七退一　　　车 4 退 6　　　**6.** 车八平六

连将杀,红胜。

改编自 2008 年"松业杯"全国象棋个人赛河北金环钢构队陈翀—浦东花木广洋队董旭彬对局。

第302局　鹏程万里

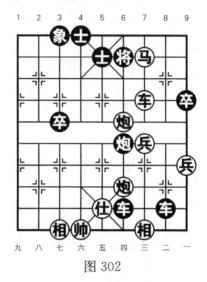

图302

着法(红先胜)：

1. 马三退四　士5进6　　2. 车三进二！　　将6退1

3. 马四进六　士6退5　　4. 车三进一

连将杀,红胜。

改编自2008年"松业杯"全国象棋个人赛河北金环钢构队王瑞祥—陕西象棋协会队李景林对局。

 第303局　神出鬼没

着法(红先胜)：

1. 车一进三　　象5退7　　2. 车一平三　　士5退6

3. 马五进四　　将5进1　　4. 马四退六　　将5退1

5. 马六进七　　将5平4　　6. 车三平四　　将4进1

7. 马七退六

连将杀,红胜。

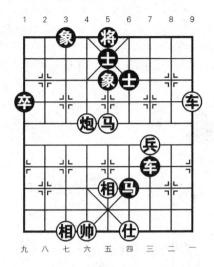

图 303

改编自 2008 年"北仑杯"全国象棋大师冠军赛广东文静—浙江励娴对局。

第 304 局　泰山压顶

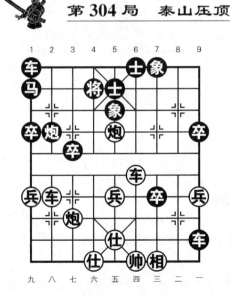

图 304

着法（红先胜）：

1. 车八平六　　士 5 进 4　　　**2.** 车六进四！　　将 4 进 1

3. 车四平六　　炮 2 平 4　　　**4.** 车六进二

连将杀,红胜。

改编自 2008 年"北仑杯"全国象棋大师冠军赛煤矿闫超慧—北仑陈意敏
对局。

 第 305 局　铁石心肠

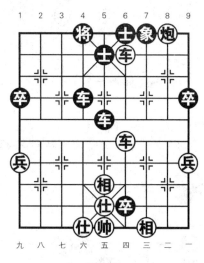

图 305

着法(红先红胜):

1. 前车平五!	车 5 退 3	**2.** 车四进五	车 5 退 1
3. 车四平五	将 4 进 1	**4.** 车五平六	将 4 平 5
5. 车六退三			

黑双车尽失,红胜定。

如果现在轮到黑方走棋,那么黑棋胜。

着法(黑先黑胜):

1. ……	车 4 进 6!	**2.** 仕五退六	车 5 进 3
3. 仕六进五	车 5 进 1		

连将杀,黑胜。

改编自 2008 年第 3 届"杨官璘杯"全国象棋公开赛湖北象棋李雪松—浙江

慈溪波尔轴承张申宏对局。

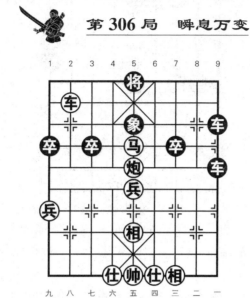

第 **306** 局　　瞬息万变

图 306

着法(红先胜):

1. 车八进一　　将 5 进 1　　2. 马五进三　　　将 5 平 4

黑如改走将 5 平 6,则车八平四杀,红胜。

3. 马三进四　　将 4 进 1　　4. 车八退二

连将杀,红胜。

改编自 2008 年"福永商会杯"深港惠中山象棋团体赛深圳许国义—香港陈强安对局。

第 **307** 局　　喜出望外

着法(红先胜):

1. 车二进五　　象 5 退 7

黑另有以下两种应着:

(1)车 7 退 7,车二平三,象 5 退 7,马五进四,将 5 平 6,炮五平四,连将杀,红胜。

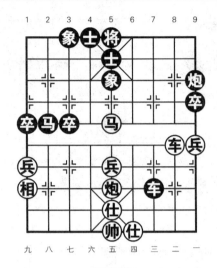

图 307

(2)士5退6,马五进四,将5进1,车二退一,车7退6,车二平三,连将杀,红胜。

2. 车二平三!　车7退7　　**3.** 马五进四　　将5平6

4. 炮五平四

连将杀,红胜。

改编自2008年钦州"长生房地产杯"广西象棋锦标赛南宁秦劲松—钦州高铭键对局。

 第308局　评头论足

着法(红先胜):

1. 车二进五　将6进1　　**2.** 兵五平四!　将6进1

3. 车二退二　将6退1　　**4.** 马六退五　将6退1

5. 车二进二　象9退7　　**6.** 车二平三

连将杀,红胜。

改编自2008年河南嵩山"文惠山庄杯"象棋公开赛广东黎德志—开滦郝继超对局。

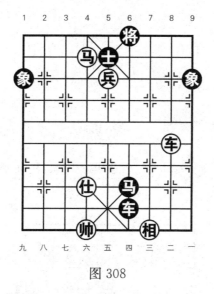

图 308

 第 309 局　无独有偶

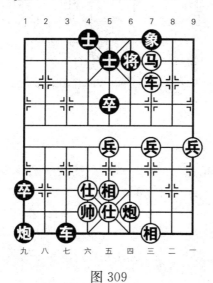

图 309

着法(红先胜):

第一种攻法:

1. 车三平四! 将 6 进 1　　　**2.** 仕五进四

连将杀,红胜。

第二种攻法：

1. 仕五进四　　　士5进6　　　2. 车三平四　　　将6平5

3. 车四进一　　　将5进1　　　4. 车四平六

连将杀，红胜。

改编自 2008 年"来群杯"超级棋王快棋赛广东许银川—江苏徐天红对局。

第 310 局　　大惊失色

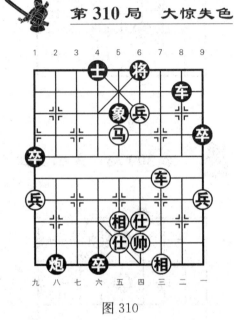

图 310

着法(红先胜)：

1. 兵四进一！　将6进1　　　2. 车三平四　　　将6平5

3. 马五进三　　　将5退1　　　4. 车四进五

连将杀，红胜。

改编自 2014 年"苏湖杯"决战名山全国象棋冠军挑战赛湖北汪洋—天津孟辰对局。